JN037473

落合博満

戦士の食卓

岩波書店

戦士の食卓

目次

＊本書は、『熱風』(スタジオジブリ編集・発行)に連載された「戦士は何を食べて来たか」を初出とする(第1章から第11章までは二〇一九年六月号〜二〇二〇年四月号、第12章は二〇二〇年九月号に掲載)。

＊単行本化にあたって各章を加筆修正した。

1
そのトマトはどんな味？

食べるのも仕事

「そのトマトはどんな味？」

私がそう尋ねると、スタジオジブリの鈴木敏夫プロデューサーは、「う〜ん」と唸《うな》りながら言葉を探し始めた。

二〇一二年のことだ。鈴木さんの提案で、私は映画に関する連載を執筆した。少年時代から映画をよく観ていたのは事実だが、それで問題意識を持ったり、友人と作品について語り合ったわけではない。いわゆる暇潰しに適していたのが映画館だったということ。それでも、鑑賞した本数は半端ではないという自負はあり、私が感じたままに書けばいいかと引き受けた。「戦士の休息」というタイトルで一年にわたった連載は書籍にもなった。その内容が読者の皆さんにどう伝わったのかはわからないが、山田洋次監督に興味を持っていただき、対談できたのは貴重な経験だった。

そうして一年間、本業の野球ではない仕事を大過なく終えられたと胸を撫《な》で下ろしたわけだが、二〇一八年末に再び鈴木さんから連絡をもらった。今度は「食」について書かないかと言う。

思い返すと、山田監督との対談で私は、三〇年後、五〇年後の日本はどうなっているか、という作品を作ってほしいと言った。人間の考え方や生活は、今よりもっと豊かになっているかもしれないという中で、休日には家族が揃って食卓を囲む。そうした生活の基本的な部分は変わらず、どんなに時代が進んでも、人は肩を寄せ合いながら助け合って生きていくというハッピーエンドでいいと述べた。

そう、食卓は時代背景、家族構成など、人間の様々な姿や生活のシーンを映し出す。ならば、私自身の記憶にある食卓の風景から、肩肘張らずに書き始めればいいかとイメージした。

また、私はプロ野球選手として二〇年間の現役生活を過ごし、引退後も監督、ゼネラルマネージャー、あるいは評論家として野球の世界で生きている。プロ野球は自分自身が残した数字(成績)がすべて。少しでも高い数字を残すためには、技術を磨くことしかない。その技術を磨くために大切なのは強い体を作ること、つまり、上手に食べるのが肝要なのだ。そうして、食べるのも仕事と考えてきた経験も生かしながら、ペンを走らせてみる。どういう展開になるのか予測はできないけれど、私の食にまつわる旅に、気が向いた方はお付き合いいただきたい。

野球、映画、食——。あらゆる物事には、時代とともに変わっていく部分と変わらない部分がある。違う角度から見れば、変えてもいい、変わるべき部分と変えてはならない部分があると思っている。

野球で例を挙げれば、アンダーハンド投手や左右両打ちのスイッチヒッターは、ある種の流行と言っていい。私がロッテオリオンズ（現千葉ロッテマリーンズ）に入団した一九七九年当時は、阪急（現オリックス・バファローズ）のエースだった山田久志さんを筆頭に、アンダーハンドの投手が各球団に一人か二人はいた。また、俊足の選手は内野安打も稼げるという理由で左打ちの練習に励み、やはり各球団にスイッチヒッターがいた。

プロでそうしたタイプの選手が活躍すると、アマチュアにも同じタイプの選手が増えていく。すると、次第に供給過多になるからなのか、プロでは別のタイプの選手が求められるようになり、アンダーハンド投手やスイッチヒッターはみるみるうちに絶滅危惧種と言われる時代になる。そして、しばらく経つと、希少感のある存在として、またアンダーハンド投手が注目されるようになったりする。このように物事の流行り廃りが巡り巡る傾向は、どんな世界にもあるのではないか。

最後の晩餐──秋田の米

さらに、特に「食べる」というテーマであれこれと考えていく上では、生まれ育った時代や地域が密接に関わってくるはずだ。このあたりから本題に入っていくことにしよう。

私は一九五三(昭和二八)年に、日本海に面した秋田県南秋田郡若美町《わかみまち》(二〇〇五年に男鹿市《おがし》と合併)で生まれ、高校を卒業するまで暮らしていた。正確に書けば、私が生まれた頃は潟西村《かたにしむら》で、一九五六年に払戸村《ふっとむら》と合併して琴浜村《ことはまむら》になり、さらに一九七〇年の町政施行で若美町となった。

物心ついた頃には、八郎潟《はちろうがた》の干拓工事が進められていた。第二次世界大戦後の食糧増産、農家の二男、三男の就職先が少ないという問題を解決するため、琵琶湖に次ぐ日本第二位の面積を誇りながら、水深が浅かった八郎潟に白羽の矢が立ったのだろう。しかし、約二〇年にわたる工事期間中に、品種改良や機械化によって日本の農業環境は大きく変わる。また、高度経済成長に伴い、農家の二男、三男は都市部で就労できるようになり、八郎潟の干拓事業は失敗だったとする見方もある。

そうした歴史を持つ若美町で、祖父は和菓子屋を営んでおり、祖母と母が手伝っていた。子供の頃、三時のおやつを食べるという習慣はなかったが、祖父が菓子を焼く際に火加減を調整しながら試し焼きしたものが、おやつのようになっていた。また、祖父は酒と塩の販売権を持っており、菓子と併せて利益が上がると近隣の土地を購入していたようだ。農業はしていなかったが、購入した土地を近所の農家に貸し、そこでできた野菜などを賃料代わりに納めてもらっていたから、我が家が食べるものに困るということはなかったと思う。

父は和菓子屋を継がず、農林省(現農林水産省)で米の検査員をしていた。子供の頃に大人から聞いた記憶では、当時は砂糖や小豆が思うように入ってこないことがあり、そこで祖父が父を農林省に行かせたということらしい。ただ、父は何があっても筋を通す性格だったから、祖父のために職権を濫用したことはなかったはずだ。米を扱う仕事ゆえ米にはうるさく、白米に卵や煮魚の汁をかけていいのは、冷や飯になった時だけ。炊き立ての白米にかけるのは絶対に許さなかった。

そんな父の仕事を通してだろうか、米にまつわる記憶はいくつかある。調べてみると、国立試験場で稲の品種改良が始まったのは一九〇四(明治三七)年。ということは、私が子供の頃には、すでに寒さに強い稲もあったのかもしれない。だが、それでもまだ冷害で収穫量の少ない年はあり、そんな時にも食べるには困らないようにと、東北の人間は知恵を絞ってきた。

その代表的なものが、「おじや」だろう。我が家では、白米に麦、粟、ひえなどを交ぜたり、大根の葉を入れたりしながら煮込む。白米が膨れ、それを何杯か食べれば腹いっぱいになった。

おじやと雑炊は同じものだと言う人がいるが、私の中ではまったく別物だ。雑炊というのは、炊いた米を水で洗い、表面の粘り気を取ってから汁とともに温めたもの。河豚《ふぐ》雑炊、カニ雑炊と鍋の締めにもなっているように、米の食べ方のひとつと考えている。私に言わせれば、上等な米料理だ。それに対して、おじやは腹いっぱいにするために米の量を増やす調理法。だから、食べるために必死だった寒冷地の人は「おじや」、そうした経験の少ない温暖な地域の人は「雑炊」と呼ぶような気がする。現在では、おじやも味噌などで味付けしたり、地産の具材を入れたりする米料理のひとつという認識なのだろうが。

また、米は朝食用に炊き、あまった分を昼食にし、また夕食用に炊くという感じだった。保温もできる電子ジャー炊飯器はなかったから、釜で炊いた白米はおひつに入れ、藁《わら》で編んだ「いんちこ」で包んだ。「いんちこ」は方言で、赤ん坊を包む「えじこ(嬰児籠)」が語源らしい。それを秋田では「いんちこ」、あるいは飯を詰めるという意味で「いづみ」と呼んでいた。

当時の食卓は、炊き立ての白米に味噌汁と漬物。その三点が不動のレギュラーだ。極端に言えば、味噌汁や漬物がなくても、白米に塩を振ったり、白湯をかければ十分に食べられた。物心ついた時から口にしている秋田の米には慣れ親しんだ味があり、それだけで満足できたのだ。では、おかずは何だっただろうか。

肉と言えば鯨か鶏だった。鯨は脂身のある部分は小さく賽《さい》の目に切り分け、玉葱、茄子、人参、ジャガイモなどと味噌汁にした。鯨肉の脂身は上質で、汁はそっと口にしないと火傷をするくらい熱かった。

鶏は飼っている家が多く、それを捌《さば》いて血抜きをする。あるいは、卵を産まなくなった一羽を生きたまま買ってきて絞めていた。我が家では兎も飼っていて、庭の兎がいなくなった日に肉が出れば、「あの兎だな」と思っていた。豚肉が出るのは年に何回か、馬肉は足を挫いた時の湿布として記憶にあり、牛肉は見たこともなかったと思う。

魚は豊富にあったが、焼くよりも煮るほうが多かった。これも人の知恵なのだろう。小さな魚を塩焼きにしても、せいぜい一人分のおかずにしかならない。だが、同じ魚を野菜などと一緒に煮込めば量は増やせるし、残った煮汁を白米にかけられる。もっとも、子供の頃の私は生臭さが嫌で煮魚を好まなかった。

話は少し逸れるが、秋田では「竈《かまど》が引っくり返る」という表現が使われる。竈が引っくり返れば飯を食えなくなる。つまり、その家が破産したことを意味する。

「○○さんとこ、竈が引っくり返ったみたいだ」と近所で噂になれば、その家族が夜逃げをしたということ。確かに、家はもぬけの殻になっていた。ただ、面白いのは、しばらく経つと夜逃げした家族は戻って来て、何事もなかったかのように再び生活を始める。その家族に金を貸していた人も怒るわけではなく、以前と同じように近所付き合いをする。両親が忙しい家の子供には「うちで飯食って、風呂も入ってから帰れ」と家族のように接し、玄関に鍵をかけて眠る家など一軒もない。それでも不都合なことが起こらなかったのが、私が育った町なのだ。現代の若者には想像できないだろうし、私と同世代でも都会育ちの人は経験していないことだと思う。

私の少年時代の食生活、また育った環境はこんな感じだった。だから、子供の頃のご馳走は何かと問われれば、私は「白米」と即答する。現在なら、知人と食事に出かける際、和食か洋食か中華か、あるいは肉か魚か、もっと具体的に寿司かステーキか、などと話す。読者の皆さんも同じだろう。

しかし、私は先に書いたような食生活をしてきたから、白米が食べられればいい。主役は天ぷらでもステーキでもなく、あくまでも白米である。食に関するテレビ番組に出演すると、スタッフから「落合さんは、最後の晩餐に何を選びますか」と聞かれることがある。私は「秋田の水で炊いた秋田の米。それだけでいい」と返す。奇をてらっているわけではなく、本心からそうなのだ。

食とは腹をいっぱいにすること

「締まった味がします。美味いですよ」

鈴木さんは、トマトの味をそう表現した。映画製作をはじめ、表現することを生業《なりわい》にしている人だけあり、子供の頃からトマトを数十年間食べ続けている私に対してだからこその表現だと感じた。お互いに甘いトマトも酸っぱいトマトも、おおよその味をイメージできる。そんな同世代だから、色々な味わいがありつつも、「美味い」と感じられる味をそう伝えてくれたのだろう。

だが、同じトマトでも、若者から聞かれたら「締まった味」では理解してもらえない。その場合は、またわかりやすい表現をするはずだ。ちなみに、そのトマトを仕入れた和食店のご主人によれば、茨城産で甘みも酸味も感じられ、全体的に味がしっかりしている逸品だそうで、生産者の育て方に特長があるということだった。

さて、鈴木さんと私のトマトを巡る会話からもわかるように、味に関する感覚は人それぞれである。また、ひと口に「甘いトマト」と言っても、トマトの甘さに一定の基準があるわけではないから、ある人には甘いトマトでも、別の人はそう感じないかもしれない。それに加え、私のように育った世代や地域で「大好物は白米」という人間までいる。食について考え、書いていくのは一筋縄ではいかないものだ。

一九九八年限りで現役を引退した後、テレビの旅番組から声をかけられ、妻と二人で何か所かロケに行かせてもらったことがある。名所や旧跡を巡り、日が沈んだら地元の料理に舌鼓を打つのが定番の流れだが、私はプロデューサーから「落合さんは本当に美味そうに食べますね」と言われた。

何かを口に入れ、しばらく味わって「美味い」と感じると、表情は自然に崩れていき、何とも言えない笑顔になるものだ。そこに言葉はいらない。テレビ番組だということを考えても、せいぜい「うっんめぇ〜」と呟くくらいか。視聴者の立場でそんなシーンを見ると、「あぁ、本当に美味いのだろうな」と感じる。

しかし、最近の旅番組やグルメ番組を見ていると、そうしたシーンにはあまりお目にかかれない。まず、料理人が「一頭から三〇〇グラムしか取れない希少部位です」とか「独自の熟成法でしばらく寝かせました」などと解説し、それをタレントが口に入れる。ほどなく咀嚼しながら頷き、「なるほど。味に深みがありますね」と感想を述べる。最高の食材を最も適した方法で調理し、舌の肥えた人間が的確に批評しているシーンである。だが、「味に深みって何だ？」と、私にはどうも伝わってこない。

もうひとつ、私は番組で出されたものを何でも残さずに食べる。「完食したのは落合さんと朝青龍だけです」と言われ、他の人はどうしているのか尋ねると、撮影用のひと口、ふた口で終わりなのだという。

出されたものは残さず食べる。それが食に対する私の基本姿勢だ。もちろん、「これを食べさせたかった」と出してくれた料理が、私の口に合わなかったことは何度もある。だが、時には目を瞑《つむ》って完食する。それは、料理人への礼儀とかマナーという以前に、食とは美味い物を口にすることではなく、腹をいっぱいにすることだと考えているからだ。

それに対して、私より若い世代の人たちにとって食べるとは、日常生活の中に当たり前にあることだろう。だから、美味くないと感じる物、好みに合わない物なら食べないほうがいいという選択肢が存在する。美味い物を口にした時、表情を崩して「美味い」と呟くのではなく、なぜ美味いのかを冷静に批評する感性がある。

どの世代が境界線になっているのかわからないが、食に関して私には「生きるため」という定義があり、それゆえに「選ばない」が、若い人たちは「愉しむため」に「選ぶ」という違いがある。どちらが正解ということではなく、生まれ育った世代や地域の違いだから、本書も私と違う感性を意識し過ぎずに書いていくことにする。

そして、これまでに書いてきた私の感性も押し付けたくない。

プロ野球選手という職業柄、様々なパーティーや宴席に呼ばれたり、いわゆる高級な食事を振舞われたことも数え切れない。そうして、ある程度まで私の舌は肥えたのだろうし、食材の名産地や旬の時期もだいたい頭に入っている。それでも、白米を食べたいという食の感性に変化はなかったのだが、年齢や立場とともに食の好みが変わっていく人も少なくない。

値段の高さと美味さは比例すると考えている人がいる。若い頃は営業で駆けずり回りながら、昼は立ち食い蕎麦で済ませていたビジネスマンでも、部長、常務、社長と会社で出世する度に高級店へ通うようになる。それで、一般庶民には手が出せないような食材を味わうのは決して悪いことではない。

ただ、そういう人の中には、部署ごとの忘年会などで一般的な店に行った時、「ここの魚は鮮度が今ひとつだ」とか、「これは焼くよりも煮たほうがいい」と、自らの好みに合わない物には文句ばかり言う人がいる。挙句の果てに、「おい、この店を選んだのは誰だ」などと言い出し、楽しい宴席をすっかりシラケさせてしまう人は厄介だ。

「あなたが不味《まず》いと評している物を、美味いと思って食べている私は味音痴なのか」

そう心で呟きながら、気分が悪くなった宴席も何度かあった。私には、「世の中に不味い物はない」という持論がある。料理として出されている以上、それを美味いと感じる人は必ずいるはずで、不味いのではなく、その人の口には合わないだけだろう。だからこそ、本当に美味い物を味わいたいなら高級店と考えるのは構わないが、その考え方を他人にまで押し付けてほしくない。

それと、食べ方の流儀を説かれるのも苦手だ。私も若い頃はラーメンが大好きで、汁まで完食してから二杯目ということもあった。だが、もう六五歳を過ぎてしまうと、たまに食べるラーメンも麺だけで、汁にはほとんど手を付けられない。

「ラーメンとは、汁まで残さず味わうもの」

正論かもしれないが、現在の私は「流儀に反するというなら、それで結構です」としか言えない。野球や映画が、入場料を支払った人が自分なりの楽しみ方で時間を過ごせばいいように、食も人それぞれ。自分が好きなように味わうことが、その食材を一番美味しく感じられるのではないだろうか。

あらゆる情報網が発達した現代は、知りたいことのほとんどを瞬時に手に入れることができる。しかし、ほしかった情報を受け取る側は、それを発信した人の意向や考え方まで鵜呑《うの》みにしたり、そういうものだと決めつけてしまう。そうして、周りの人と同じようにしていれば無難だと考える時代になっている。

だが、「美味い蕎麦を食べたい」と思って調べた人に必要なのは、その店の所在地、メニュー、値段くらいだろう。その店で何をどう味わうかは、各々の自由だ。本書も、そうやって私の自由に書いていきたい。

2

「心技体」ではなく「体技心」

選手の食事への気配り

スポーツ選手の成長に不可欠な要素として、古くから「心技体」という表現が使われる。この「心技体」は大切な順なのか、それとも語呂がいいからこの並びなのか。時折、こういうことが気になってしまうのが私の性格だ。

調べていくと、戦前に道上伯《みちがみはく》という柔道家が「心技体」という表現を用いたと言われている。ただ、それより前の一九一一(明治四四)年に古木源之助という柔術家が著した『柔術独習書』の中では、第一に身体の発育、第二に勝負術の鍛練、第三に精神の修養と書かれており、大切な順に並べれば「体技心」とされている。

同じように、私も大切な順ならば「体技心」だと感じてきた。

プロ野球選手として一流と言われる実績を残すには、誰にも負けない技術を身につけなければならない。その技術は、腕のいいコーチの指導を受ければ、誰でも身につくというものではない。

現役引退後、私は横浜(現横浜DeNAベイスターズ)の監督だった森祇晶《まさあき》さんに請われて、春季キャンプで臨時コーチを務めた。何人かの若手選手に打撃指導をする中で、打撃マシンのボールを二時間ほど打ち続けさせた。打撃マシンが六秒に一球出すとして、一分で一〇球、二時間なら一二〇〇球を打ち続けることになる。

この練習の目的は、自分に合った打撃フォームを見つけるヒントを得ることだ。若い選手は、目標とする先輩選手の打撃フォームを真似たり、いい部分を採り入れようとする。それは間違ってはいないが、本当に自分に合ったものかどうかはわからない。

そこで、二時間くらいバットを振り続ける。はじめは頭で考える理想的なフォームで振れるものの、次第に疲れてくると、身体が信号を出して楽に振れるフォームに変わるものだ。それを選手に理解させ、理想を追い求めるのか、身体に合ったフォームにするのかを考えさせようとした。

ちなみに、その際に指導したひとりの選手は、自分に合ったフォームを見つけ、数年後に四〇本塁打をマークした。私自身も一定の効果があると思っているが、もし私が高校生を指導することになっても、この練習をさせることはない。まだ二時間もバットを振り続ける体力が備わっていないため、フォームがバラバラになってしまったり、身体を壊してしまうかもしれないからだ。

プロの練習が合理的だからといって、それを高校生に課しても大きな効果は期待できないことがある。このように、どんなスポーツでも体力を考慮した上で練習に取り組むことが肝要であり、したがって大成するための出発点は体力だと考えている。

ペナントレースを戦い抜ける体力を養い、そこから技術を身につけた選手は、どんな場面でも自信を持ってプレーできる。しかし、技術が未熟な選手は、グラウンドに立っていても不安でしようがない。

たとえば、コントロールが未熟な投手は、ボール球が二つ続いただけで「フォアボールを出したらどうしよう」と考えてしまうし、守備力に不安がある選手なら、ピンチの場面でエラーを恐れる。言わば、相手と戦う前に自分自身と闘っている状態であり、それを脱するためには技術を高めるしかない。

そうして努力を重ねてレギュラーの座をつかんでも、半年間に及ぶペナントレースの中では、自分の調子にある程度の波が生まれる。本調子でない状態をスランプと呼ぶが、そのスランプが長い選手は心を病んでいるケースが少なくない。さらに実績を重ね、一流と呼ばれる実力をつければ、スランプの原因の大半は技術的な問題。ゆえに、十分に食事と睡眠を取り、体力を回復させれば技術面でも力を発揮できるようになる。

スポーツのみならず、ビジネスマンにとっても「心技体」が大切だと言われている昨今では、メンタルトレーナーが「心体技」だと説いているのを見聞きしたりする。考え方は人それぞれなのだろうが、先に書いた流れを考えても、殊にスポーツ選手にとって大切なのは「体技心」の順になると考えてきた。要するに、食べることも仕事なのである。

中日ドラゴンズの監督を務めた時も、選手たちの食事には気を配った。約一か月にわたる春季キャンプでは、宿泊しているホテルの宴会場などで夕食を摂る。一般的には大きな宴会場にバイキング形式で料理を用意し、監督から選手までが一緒に食事する。

だが、近頃の若者は食事の時間まで監督やコーチの姿を見たくはないだろうと、監督やコーチと選手の食事会場を分けた。私たちはメニューにこだわりはないし、何か腹に入ればいいと、作り置きの料理を出してもらう。一方、選手たちは作り立てのほうが食も進むだろうと考え、ステーキや天ぷらの場合、その場で焼いたり揚げたりしてもらえるように、何人かのシェフに残ってもらった。

話は逸れるが、そうやって食事会場を分けると、選手たちは「監督やコーチだけが、自分たちより豪華な食事をしているんじゃないか」と疑ったという。そんな声が出ていると耳にしたので、何人かの選手に監督やコーチの食事会場を見せて納得してもらったこともあった。野球界は常に年長の者がいい思いをしてきたという名残りなのか、最近の若者は疑り深いのか、懐かしい笑い話だ。

もうひとつ、夕食後にホテルの中庭などで取り組む夜間練習も一切行わなかった。食事した後にも体を動かさなければならないとなれば、どうしても食べる量をセーブしてしまうし、夜間練習のための体力を残そうと、昼間のグラウンドで手を抜く選手が出てくる。それでは本末転倒だから、夕食後は翌朝まで自分の時間とした。

そうやって、練習と食事、睡眠には十分な時間が取れるよう、チームの環境を整えた。この点に関しては、不満を抱く選手はいなかったと思う。ただ、その環境を生かせない選手が増えたのではないかという懸念は常にあった。わかりやすく言えば、最近の選手は食事が下手になった。これは、時代の豊かさも関係していると感じている。

農耕民族の日本人と肉食の欧米人の違い

日本のプロ野球は一九三六(昭和一一)年に産声を上げ、第二次世界大戦末期の一九四五年は中断されたが、この年に終戦を迎えると、翌一九四六年には再開している。

戦前は、野球と言えば東京六大学や甲子園であり、プロ野球は「学生のスポーツを職業にするとはけしからん」と思われていた時代である。それが、終戦直後の混乱の中でいち早く再開できたのは、川上哲治さんら、応召して復員できた選手たちが「プロ野球選手に戻れば、食べることには困らないだろう」と考え、再びユニフォームを着たからだと聞いた。

プロ野球とともに、戦前から人気のあった大相撲では、戦後の混乱期から関取の卵を集めるために、親方が地方をまわり、体格に恵まれた次男坊や三男坊をスカウトしたという。長男は家を継がなければいけないが、どの家庭も次男、三男を預かってもらえれば苦しい家計が助かると考えていたようだ。

このように、プロ野球と大相撲の歴史を繙《ひもと》けば、食べるために、すなわち、生きるためにチャレンジするという時代もあったのだ。「ハングリー精神」という言葉があるのも頷ける。

現在では、野球や相撲だけでなく、ボクシング、ゴルフ、サッカー、テニスなど多くのプロスポーツが発展し、その他の競技でもプロ契約する選手がいる。プロスポーツには、ビジネスマンが生涯をかけて手にする報酬を僅かな期間で稼ぎ出せる職業として、若者の夢や憧れの対象となっている側面もある。

少なくとも、食べるために、生きるためにプロのスポーツ選手を目指す若者はそういないだろう。むしろ、食べることは大成するために不可欠な要素ととらえており、やはり、食べることも仕事と考えている。

そう、食べることも仕事という意識は、私たちの時代も現在も変わらない。しかし、食べる物と食べ方、さらに、食に関する情報量は大きく変化している。

また、時代とともに変化してきた生活様式や習慣も、食と深く関わっていると思う。かつて日本人には胴長で短足な体形が多かったが、最近の若者は腰の位置が高く、脚の長いスラッとした体形が目立つ。プロ野球選手も例外ではない。

ある学説によれば、農耕民族の日本人は穀物や野菜など植物性食品を食べてきたため、消化に時間がかかるから腸が長くなった。胴長短足の根拠である。一方で肉食中心の欧米人は、消化が早かったから腸が短く、腰高で脚の長い体形になったという。異を唱える学者もいるが、私はなるほどと納得した。

それが、時代とともに日本人も肉食が中心となった。ある程度の年齢から肉食になった私たちはともかく、生まれた時からハンバーガーなどを好んで食べる若者が、欧米人のような体形なのも頷ける。

スポーツ選手では、柔軟に体を動かし、ケガを予防する点でも股関節は柔らかいほうがいいと言われてきた。昔は体が柔らかくなるからと酢の物を食べさせられたりしたが、最近の若手には関節の硬い選手が目につく。

それは食とともに、畳の和室から椅子の洋室の生活になり、トイレも和式から洋式になったことで、幼い頃から正座をしたり、しゃがんだりする機会が減ったことも一因だという。私が話をした整形外科医は、股関節よりも足首の硬さがスポーツ選手では目立つと言っていた。

さらに話を進めれば、私たちの時代にも赤ん坊には蜂蜜を与えるな、と言われていた。蜂蜜にはボツリヌス菌が含まれている可能性があり、乳児は腸内細菌が少ないためにボツリヌス菌が増殖し、毒素を出してしまうかららしい。では、最近はどうか。私の孫の食生活を見ていると、アレルギーを発症する可能性を含め、与えないほうがいいとされる食品が多過ぎる。

生活が豊かになり、衛生面でも加工面でもしっかりとした食品が増えたことにより、人間の体の中がきれいになり過ぎて、いわゆる自浄作用が弱くなっているのではないかと感じることもある。

炭酸水を飲んで驚かれる

ともあれ、食の環境が大きく様変わりしているのは事実だろう。私がプロに入る前にプレーしていた社会人野球で比較してみる。私は二〇歳で東芝府中工場に臨時工として採用され、二五歳まで在籍した。独身の野球部員は寮で生活していたが、朝・昼は会社の社員食堂で、練習後の夕食は外食か出前だった。決して高いとは言えない給料の中でやりくりするから、給料日前の夕食は、普段ならラーメンに炒飯というところをラーメンとライスで済ませたりした。

一方、現在の社会人野球は企業チームの多くが野球部専用の寮を完備し、そこで基本的には三食を賄う。メニューも栄養士が考えるなど、いわゆるアスリート食を摂っている。しかも、プロテイン・サプリメントなど栄養補助食品も発達しており、練習中でも様々なサプリメントを補給し、効率的に栄養を摂取できるようになっている。

私たちの時代のように、給料が許す範囲で好きな物を食べていることと、現在のように栄養学も駆使して効率的に栄養を摂ろうとすることの、どちらがいいとは言えない。時代の移り変わりである。ただ、こうした状況は、野球の練習と似ている部分が多いと感じる。

昭和の時代はウエイト・トレーニング機器をはじめ、練習に使える器具がまだ発達していなかった。ゆえに、ボールを投げる、打つ、捕るという練習が大半であり、陽が暮れてボールが見えなくなったら、グラウンドを走るしかなかった。しかし、現在はあらゆる器具で体力をつけたり、筋力を高めることが可能だ。

こうした食生活の変化やトレーニング機器の発達は、投手が投げ込むボールの速度には反映されているのかもしれない。かつては一四〇キロのストレートを投げ込む投手はプロでも限られていたものの、最近は高校生でも一五〇キロ近くのストレートを繰り出す投手が珍しくない。

ところが、そうしたパフォーマンス力だけでは一流と言われる領域に到達することができないのが野球の難しさだ。

私が監督を務めていた時、コンディショニングコーチとして力を貸してくれた勝崎《かつざき》耕世《こうせい》は、陸上競技の出身で、ドイツなどでサッカーも含めたトレーニングの勉強をしてきた。その勝崎が野球に関心を抱いたのは、陸上競技やサッカーでは、パフォーマンス力を高めれば、それに見合ったレベルの成績が残せるが、野球はパフォーマンス力と成績が比例しないことだという。

それは、野球がバットやグラブという用具を使いこなす競技だからだろう。自分の体を使ってボールを投げる投手の球速は上がっても、バットを振る野手の打力、グラブで捕球する野手の守備力は、持って生まれた身体能力やパフォーマンス力だけでは高められない。投手だって、ストレートの球速は上がっているが、コントロールは昔の投手のほうがよかったという印象だ。

もっと話を進めれば、最近の選手は体格がよくなり、筋骨隆々のタイプは増えたものの、軽度のケガや故障が多く、太く長くプレーを続けられる選手は限られている。つまり、スポーツ科学、医学、栄養学は確実に発達し、それに伴って練習や食事の環境もよくなっているはずなのに、それが成果の向上には必ずしもつながっていないのだ。

一番問題なのは、食べることも仕事だという認識はあるものの、食事や睡眠は日常生活において当たり前過ぎる行動であり、その重要性を本質的に理解していないことではないか。全体的な印象として、若いプロ野球選手は食が細くなっている。昔から「食が細いヤツはいい仕事をしない」と言われるが、まさにそれが現実になっている。

実際、食べる物はどこにでも、いくらでもある。また、いつ何を食べればいいのか、体にいい物は何かといった情報も溢れている。そんな環境や情報に翻弄されていると言ったら言い過ぎか。

一例として、炭酸水を取り上げる。現役時代、取材を受ける際に「お飲み物は何にしますか?」と聞かれ、私はサイダーを求めた。すると、スポーツ経験のある記者は「落合さん、炭酸を飲むんですか」と目を丸くした。

昭和の時代、炭酸は腹が膨れるとか、炭酸飲料に入っている甘味料は体によくないと言われ、スポーツ選手にとってはご法度の飲み物だった。それは私も知っていたが、一九八八年に中日が春季キャンプをアメリカ・フロリダ州のロサンゼルス・ドジャースの施設を借りて行った際、ドジャースの選手たちは練習の合い間にコーラを飲んでいた。球団のドクターによれば、「コーラは風邪薬を生成する過程でできたものだから、予防薬のように使っている」ということだった。

だからというわけではないが、私自身も健康管理は自己責任だと考えていたから、先の質問をした記者には「飲みたい物を飲んでもいいんじゃない」と返すしかなかった。

では、最近はどうか。飲料メーカー各社が新たな炭酸飲料を次々と発売し、炭酸飲料の市場は伸び盛りだというニュースも流れた。疲労回復やダイエットにも効果があるという情報もあったが、ある医師は「根拠は希薄だ」と唱える。周知のことだが、科学にしろ医学にしろ、進歩していく過程では、これまで悪とされてきた物が見直されるように、定説が一八〇度引っくり返されてしまうことが多々起きる。

人体のメカニズムがまだ完璧には解明されていない現代においては、何が体によくて何が悪いかも明確にはなっていないはず。ましてや、食に関しては民族性や体質も関係してくるのだから、ある食品について白黒をつけるのは困難だろう。

スポーツ選手をサポートしている栄養士が選手に講義をした時に、「これは体によく、パフォーマンス力を高めます」などと特定の食品をピックアップする。どんな食品にもメリットとデメリットはあるはずなのに、その食品のメリットだけを刷り込んでしまう。そうした多過ぎる上に場合によっては偏った情報に、若い選手たちは翻弄されているように私の目には映る。

食べることに神経質になり過ぎないほうがいい

さて、ここまで読んだ方は気づいたと思うが、このような傾向はスポーツ界に限らず、すでに一般社会でも強くなっているだろう。特にダイエットや美容に敏感な女性の中には、食事以上にサプリメントを重視している人も少なくないはずだ。そこには、健康に生きていくために最も大切な「バランスのいい食事を摂る」という基本的な考えが抜け落ちているケースが多いと感じる。

では、「バランスがいい」とはどういうことか。私自身は「タンパク質が何グラム、糖質が何グラム、ビタミンはどれとどれを摂り、総カロリーは……」というバランスではなく、肉類、野菜、豆類、海藻類、キノコ類、芋類などを万遍なく摂ろうとすることだと考えている。好き嫌いがあるなら、それもよしとするくらいのゆとりがあってもいい。育ち盛りなら腹いっぱいにすればいいし、齢を重ねた人は食べ過ぎには気を付けるくらいでちょうどいいのではないか。

とにかく、食べることに関しては神経質になり過ぎないほうがいい、というのが私の持論だ。

水は一日に二リットル飲んだほうがいい、成人男性は一日に二〇〇〇キロカロリーが目安と言われる。それはそれで構わない。ただ、ビジネスマンがバッグに大きなペットボトルを入れて歩くわけにはいかないし、飲酒をする人なら、その酒量によって摂取カロリーは大きく変わる。

日常生活の中で二リットルや二〇〇〇キロカロリーという数字ばかりを意識し、毎日それを実行していくのはなかなか難しい。さらに、その数字を意識するあまりに、食事の時間を楽しく過ごせなくなったら、そのデメリットのほうが深刻だと思う。

事件ものの映画やドラマを見れば、刑事が取り調べの際に被疑者を眠らせないために、意識が朦朧《もうろう》とした被疑者の顔にスタンドの灯りを当てるようなシーンがある。歴史書を読めば、敵の食糧補給路を断つ兵糧攻めという戦術があったことがわかる。眠れない、食べられないということは、やはり人間にとって最大の苦痛なのだ。だからこそ、豊かな時代に生きる私たちも、食事と睡眠でストレスを感じてはいけない。

本章の原稿は二〇一九年の五月中旬に執筆した。その打ち合わせの際の食事では、和食店のご主人からキンキとイサキを勧められた。イサキは旬の時期に入ったばかり、キンキは一年を通して味わえるが、一番美味しい時期はそろそろ終わるということで、キンキを煮付けと塩焼きで愉しんだ。イサキとは、しばらくしたらまた巡り会うだろう。

食べたい物を好きなように調理してもらう。私にとっては最高の贅沢だが、その際にも旬の時期などを考えてみると、さらに贅沢な気分になれるものだ。食の時間は、そうやってリラックスしたい。

さて、プロ野球選手として生きてきた私にも、食べることも仕事だという意識はあった。だからと言って、食事には神経を遣い過ぎなかった。それは、食べることに関して絶大なるサポーターがいたおかげである。次章ではその話をしよう。

3

三冠王の生みの親

好き嫌いが多い人

野球に限らず、スポーツ選手、中でも競技を職業としているプロ選手にとって、太く長くプレーできる体を作り、維持することは重要な仕事のひとつだ。その中心は食事と睡眠になるが、ひと口に食べる、眠ると言っても、自分ひとりで完璧にこなすのは難しい。

私の場合も、東芝府中でプレーしていた社会人時代は、限られた給料の中で好きな物を食べるといった感じで、食べることに関して仕事だという意識はなかった。その私が、プロの世界に飛び込み、二〇年にわたって現役生活を送ることができたのは、私の食事を改善し、常にサポートしてくれた協力者がいたからだ。

お気づきの方もいるだろう。三冠王の生みの親となってくれたのは妻・信子である。すでにメディアを通じて世に出ているエピソードとしては、一九八五年に二度目の三冠王を手にした時のものがある。

入団三年目の一九八一年に一軍定着を果たした私は、首位打者のタイトルを獲得した。さらに、翌一九八二年には三冠王だ。この時の成績は、打率三割二分五厘、三二本塁打、九九打点だった。当時は外国人選手が本塁打王争いの常連で、四〇本塁打は当たり前という感じだったので、三二本で本塁打王を獲れたのは幸運な面もあったと思う。一九八三年も首位打者を手にしたが、一九八四年は阪急のブーマー・ウェルズが三冠王になり、私は打撃タイトルをひとつも獲ることができなかった。

これは気分が悪かった。何とかブーマーからタイトルを奪還しようとしたが、そのためには本塁打を増やさなければならなかった。当時の私は三三本塁打が最高で、タイトルを争える四〇本塁打さえマークしたことがなかった。

どうすれば本塁打を量産できるのか。私が技術的なアプローチを必死で考えていると、信子はこう言った。

「阪急のブーマーさんにしても、南海の門田《かどた》(博光)さんにしても、ホームランをたくさん打つ選手はポッチャリした体形じゃない。あなたももっと太れば、ホームランをたくさん打てるんじゃない?」

太れば打球が飛ぶとは、野球の素人の愉快にすら思える発想である。だが、信子は真剣だった。我が家の食卓には、それまで以上に量と質にこだわった手料理が並べられ、私の体重はあっという間に八〇キロを超えた。そして、打率三割六分七厘、五二本塁打、一四六打点という圧倒的な成績で二度目の三冠王を獲得することができた。

そうやって私の野球人生をサポートしてくれた信子に、私の食生活をいかにコントロールしたのか聞きたい——スタジオジブリの鈴木敏夫プロデューサーにそう言われ、大きなネコバスのぬいぐるみまでいただいてしまったので、信子に伝えた。恐縮していたが、私の記憶だけでは正確に伝わらないだろうと、三冠王の生みの親という立場で話をしてもらった。

食をテーマに落合とのお話をさせていただくなら、どうしても出会った頃まで遡らなければなりませんね。知人に誘われて出かけた食事の席に、落合も呼ばれていたのが初対面でした。まだ東芝府中でプレーしていた頃ですが、将来はプロになるかもしれない若い選手だと事前に聞いていて、さすがにがっしりした体つきだと思いました。

特に腿《もも》の太さには驚かされました。寡黙《かもく》だけれど礼儀正しく、七・三に分けた髪形や服装には清潔感があり、とても印象はよかったのですが、頬のあたりにニキビか吹き出物のようなものが目立ち、肌が少しざらざらしていた。すぐに食べている物が原因だろうと推察し、やはり独身のスポーツ選手は好きな物ばかり食べて栄養が偏るなど、食事の管理が難しいのだろうと感じました。

何日か後、暮れも押し迫った時期でしたが、両親と住んでいた実家に落合から電話がありました。「落合です」と言われ、「どちらの落合さんですか？」と聞いてしまいましたが、正月休みも会社の寮にいるから、映画でも観に行きませんかと誘われました。落合のイメージとはちょっと違って、積極的ですよね。そんな落合に弟のような親近感を抱いたことと、実は一度も映画館に行ったことがなかったものですから、落合の礼儀正しいお誘いにOKしてしまったんです。

その時に観たのは、『あの空に太陽が』（ラリー・ピアース監督）というアメリカの作品だ。高校生の女子スキー選手が、競技中に不慮の事故で脊髄を損傷し、車イスでの生活を余儀なくされてしまう。恋人も彼女の下を去ってしまったが、新たな恋人とともにリハビリに励み、大学で教員免許を取得するというストーリー。ジル・キンモントという女性の実話が原作となっているドキュメンタリーのような内容だった。

私の映画好きは前著で書いた通りだが、『ジョーズ』や『ピンク・パンサー2』が公開になった時期に、なぜこの作品を選んだのかは覚えていない。

今でもはっきりと覚えているのは、その作品を鑑賞中に落合が手を握ってきたこと。それも両手で包み込むように。そんな落合の積極さに警戒心を抱き、次に会う時からは友人を伴い、グループで出かけるようにしました。その友人の希望で、ブルース・リーの作品を鑑賞したはずです。

そう言えば、映画に誘われた時、落合はオードリー・ヘップバーンが好きだと言っていました。世界的に有名な女優さんは、いつもキラキラとしたドレスを着ているという印象ですけど、私もそういうタイプの服装が好みで、確かこの時も提灯袖《ちょうちんそで》のワンピースを着ていたんじゃないかな。

それで落合も手を握ったのかと思いましたが、映画館を出ると私の実家に立ち寄って、両親に挨拶をしたいと言うんです。途中で手土産にウイスキーを買い、本当に突然、落合は私の実家にやって来ました。

「はじめまして。僕はお酒が好きなので、ウイスキーを持って伺いました。飲める方がいらっしゃれば」

落合は若者らしく挨拶をしました。すると、私の母も落合に出身地などを尋ねながら、手早くお抹茶を点《た》てたのです。さて、落合はどうするのかとハラハラしながら見ていると、恐らく見様見真似なのでしょうが、しっかりしたお作法を見せました。

これには両親も驚いていました。そうして、落合に好感を持ち、落合が買ってきたウイスキーを開け、母がおつまみを何品か作りました。すると、どうでしょう。金平牛蒡《きんぴらごぼう》の小鉢をススッと遠ざけながら、「お母さん、これは美味しいんでしょうが、僕は大嫌いなんで、今度から出さないでくださいね」なんて言うんです。

私は心臓が止まりそうでした。ところが、大正生まれの母はこう言うのです。

「うちには、信子の下に二人の男の子がいますけど、たぶん二人ともよそ様のお宅にお邪魔したら、出された物を嫌いでも我慢して食べるでしょう。それよりも、落合君のように、嫌いなら嫌いだと本心を言えるのは素晴らしいじゃないの」

日本人は謙虚さが美徳とされていた時代です。社会でも家庭でも、自分の考えを主張するよりは、相手の立場や思いを考えて譲る気持ちがよしとされている中、落合の若者らしい礼儀正しさと「NO」と言える部分が、新鮮で誠実に感じられたのでしょう。はじめに「そういうところが気に入ったわ」と言った母が「落合君」から「ヒロちゃん」と呼ぶようになり、父も「囲碁はできるか」と落合を可愛がる。いつの間にか、落合は本当の家族のようになっていました。

ただ、落合には好き嫌いが多いと知った私にとっては、食の面から落合を一流選手にしていく闘いにプレーボールが宣告されたのです。


その後、私は二五歳でロッテオリオンズからドラフト三位で指名され、野球を職業とするようになる。大洋ホエールズ(現横浜DeNAベイスターズ)が本拠地を川崎球場から横浜スタジアムに移転した一九七八年、本拠地球場がなく、「ジプシー球団」と呼ばれていたロッテが川崎球場を本拠地とするようになる。

私は翌一九七九年に入団し、東京都杉並区高円寺にある球団寮から川崎球場に通った。朝から練習し、午後は二軍のイースタン・リーグの試合。一軍の試合がある日は、その試合前の練習を手伝っていた。

夕食の買い出しに付き合わせた効果

目標だったプロになってからも、落合は時間を見つけては私の実家を訪ねてきました。落合から連絡があると、私と母で三人分の食事を作ります。落合、母、私の三人分ではなく、落合が一人で三人分を平らげるのです。そうしたお付き合いを続けながら、私は落合の好き嫌いを探っていました。

この頃の落合は、いつもお腹が少し緩かった。聞けば、球場で摂る昼食は、ほとんどカップ麺だというのです。また、子供が水に溶いて飲んでいた粉末のジュースの素を、白米にかけて食べていました。基本的には肉が好きで、魚は焼き鮭くらい。刺身や煮魚はほとんど口にしません。それにゆで卵と蒲鉾《かまぼこ》。この偏食の若者にどうやってバランスのいい食事を摂らせるか。落合を野球で大成させるためにも、食生活の改善には真剣に取り組むようになりました。

ある時、「俺がご馳走するから」と、落合から外食に誘われました。まだ年俸は高くないけれど、プロになった自覚が出てきたと感じ、とても嬉しくなって出かけたのです。「何でも好きな物を」と言うので、「河豚を食べたい」と返すと、「河豚は嫌いだ」とピシャリ。落合が決めた駅前の定食屋さんに入りました。

それでも、自分の給料でご馳走してくれるのが嬉しく、私はほうれん草のお浸しなど三品くらいを注文しました。すると、「そんなに次から次へと頼んで、全部食べられるんだろうな」と怖い声で言うのです。そして、落合はビールを注文したくらいでほとんど食べません。

私が食べ終わり、その店を出ると、落合はこう言ったのです。

「よーし、それじゃ、家に帰って飯を食おう」

家って、私の実家です。結局、その日も私と母で三人分を作ります。バランスよく食べさせようと工夫はするのですが、落合はお腹が落ち着いてくると、「おい、おまえも一緒に食べろよ」と私を呼びます。そして、食べたくない物を箸でつまみ、私の茶碗や皿にポンポンと移してくる。自分の嫌いな物だけを私に食べさせるのです。

しかも、食べ終わると落合はゴロリと眠ってしまいます。それだけでは終わりません。日付が変わる頃に目を覚まし、「腹が減った。何か作ってくれ」と。眠い目をこすりながら日本蕎麦の乾麺を茹で、薬味を刻んで出すと、「美味いよ。もう一杯」と悪びれずに言うのです。でも、そういう子供っぽい態度が母性本能をくすぐるのでしょうか、落合を嫌いになることはありませんでした。

食事だけでなく、落合のユニフォームなどの洗濯も、いつの間にか私の仕事になっていました。洗濯機を夜遅くに回せばご近所迷惑だし、まだ人工芝よりも土のグラウンドが多かった時代ですから、洗濯機の中が泥だらけになります。落合に聞けば、一軍に上がればユニフォームは球団が洗濯してくれるというので、それなら何としても一軍に上がりなさいと尻を叩くようになりました。

一年ごとが勝負のプロ野球という厳しい世界で、プレーを続けていくことができる目途が立った頃、私は落合に「食費くらい出してくれる?」と言いました。落合には「早く言えよ」と返されました。夢はあるけれどお金はない東芝府中の頃に出会い、プロ入りしても年俸三六〇万円で必死にプレーしている姿、私と母が作る手料理を好き嫌いしながらも美味しそうに食べている姿を見ていると、「食費くらい出してよ」と言い出すことはできなかったのです。

しかし、落合の好き嫌いを治すのは簡単ではありませんでした。でも、ご飯粒ひとつ残さず食べるところ、財布に入れるお札はきれいに伸ばして方向も揃えるなど、几帳面さがあるとわかっていたので、そういう部分を利用して食に対する考え方も変えていこうとしました。まず、時間がある時は夕食の買い出しに付き合ってもらいました。私は財布を持たず、車の運転と支払いを落合に任せます。店に着いたら、自分が食べたい物を買い物カゴに入れてもらうのです。

そうやって店の中を見て歩くうち、「おまえは何が食べたいんだ。好きな物を入れろよ」

と言ってくれるようになり、レジで支払う際には、どれくらい買えばいくらかかるということがわかるようにもなりました。帰宅したら、えんどう豆の下ごしらえを手伝ってもらったりしました。

そうすると、自分が朝早くから起きてグラウンドに行き、一生懸命プレーしていただいた給料と生活がリンクし、私が作った料理を残すことがもったいないと感じるようになったのです。この買い物同伴作戦は効果てき面で、食べたくない物を箸でつまみ、私の茶碗や皿にポンポンと移してくることは一切しなくなりました。

もうひとつ、信子からの助言で助けられたのは虫歯の治療である。バッティングでボールをインパクトする瞬間をはじめ、野球のプレー中には歯を食いしばることが多く、一流と呼ばれた選手の大半は、特に奥歯がボロボロになっている。ただでさえ歯に負担をかけるのに、それが虫歯になっていたらいいことはない。

さらに、虫歯が原因で肩を痛めることがあるのをご存知だろうか。虫歯になると、痛みを感じていなくても、本能的に虫歯をかばうように咀嚼をするので、どうしても普段とは嚙み合わせが変わってくる。それを続けていると、顎の筋肉が違う動きでこわばり、筋肉はつながっているから首、肩とこわばりが伝わっていく。それが酷くなれば、心当たりのない肩痛になるのだ。

幸い、信子の親戚に歯科医がいたので、春季キャンプに入る前に短時間で治療してもらった。お金の話で恐縮だが、保険の適用範囲なら二〜三年、五〇万円かければ一〇年、一〇〇万円かければ二〇年はプロでのプレーにも耐えられる治療ができると言われ、なけなしの預金をはたいて一〇〇万円の治療をした。結果的には、それで二〇年の現役生活を送れたのだから、無駄ではない投資だったと思う。ちなみに、監督を務めた時には、選手が肩痛を抱えていたら歯の検査をしてみるように勧めた。

そうした信子のサポートもあって、先に書いたように三年目に首位打者、四年目には史上最年少の二八歳で三冠王を手にすることができた。

たった一度の「不味い」

三冠王を獲って自信も芽生えたのでしょう。落合は真剣な表情でこう言いました。

「バット一本でおまえを食わせてやる」

落合は基本的に無口ですが、私の実家で金平牛蒡は嫌いだと言った時のように、ここという場面では自分の意思をはっきりと言葉にするのです。この時も、落合の言葉に頼もしさを感じ、それならバットを置くまで、食をはじめとする生活の部分は何から何までサポートしようと、私の覚悟も決まりました。

そうして、一緒になろうという話を具体的にするようになりました。落合は馴染みのあった府中方面に広い土地を買って大きな家を建て、将来はご両親も呼んで一緒に暮らそうと考えていました。しかし、私は都心の一戸建てを主張し、手付を支払ってローンを組み、現在も暮らしている家を落合の城にしました。

落合も偉かったと思うのは、私の手料理を黙って残さずに食べてくれたこと。何を出しても文句ひとつ言いませんでしたが、「不味かったら言うからな」と。これまでに「不味い」と言ったのは、たった一度です。

正確に言えば、信子の手料理を「不味い」と言ったことは一度もない。あれは、市販の半生の日本蕎麦を買った時だ。蕎麦汁にもこだわりを持っていた信子が、この時だけはなぜかセットになっていた汁を使った。それがどうにも甘ったるく、思わず「不味い」と口にしてしまったのだ。だから、信子の手料理に文句を言ったことはない。プロ野球選手の妻として、すべてを犠牲にして私の体を第一に考えてくれたことには、本当に感謝してもし切れない。周囲の方々にも「立派な奥さんだ」と褒めてもらったが、私に言わせれば、信子の手料理は主婦が頑張ったというレベルではない。もうプロの料理人顔負けなのだ。

毎日、手の込んだ七〜八品を、手際よく短時間でこしらえる。素材や産地にも徹底的にこだわり、食が進まなくなる夏場には食べやすくする工夫も凝らしてくれる。野球と同じで、持って生まれたセンスのよさも関係あるのだろう。二人で外食した時に美味いと思った料理は、レシピを聞かなくてもほぼ完璧に再現できる。

そんな信子の料理のセンスと腕は秘かに評判になり、プロの料理人が腕を競う「料理の鉄人」という番組から出演を要請されたこともある。勝ち負けはともかく、主婦がプロと同じ土俵に立つのは失礼だと辞退したのだが、「何人もアシスタントさんがついてくれるから楽よね」と信子は言った。

さて、久しぶりに信子を伴った本書のための打ち合わせの際には、トマト、姫筍《ひめたけのこ》の炭火焼き、枝豆、天然日本鰻の白焼き、キンキの煮付け、真鯵《まあじ》のフライなどを編集スタッフの皆さんと取り分けて愉しんだ。夏の訪れを感じながら、実にバランスのいい夕食だろう。

私の野球人生は、信子とともに戦ってきたと思っている。そして、私も目立つ数字を残して信子への感謝を表現できたが、三度の三冠王と並んで自慢できるのは、現役生活で夏バテをまったく経験しなかったことだ。もちろん、信子の手料理のおかげである。

4
現役生活を誰よりも長く続けるための食事

三冠王を手にした頃からの食——鍋料理

この章を執筆するための打ち合わせでスタジオジブリのスタッフと食事をした際、見慣れない二匹の魚に出会った。一匹はアズキハタ。体側にある赤みを帯びた小さな斑点が名前の由来のようだが、クエやアラのように甘味や旨味のある白身で、関西方面では「鱧《はも》かアズキハタ」と言われるほど夏を代表する魚だそうだ。

これまでに、どこかで口にしたことはあるだろう。ただ、丸の姿を見た記憶はなかったので、半身を煮付けにしてもらった。確かに美味いが、言うほどの甘味や旨味は感じられず、どちらかと言えば淡白な白身で、煮付け汁に負けているかな、という感想だ。

もう一匹はタカベ。イスズミ科の一種で、太平洋沿岸に分布する日本固有種だという。夏の季語と聞けば、日本人が古くから親しんでいる魚だろうと想像できる。こちらは塩焼きにしてもらったが、ひと口味わった瞬間に「美味い」と感じるほど、塩焼きした魚らしい味わいだった。

このほかに、とうもろこしを炭火焼きと素揚げにしてもらった。いただいた茨城産は、日本の都道府県別生産量では三位だそうだ。適度な甘味と粒のシャキシャキ感は素晴らしい。私は国内シェア四〇％を超える北海道産に目がないが、茨城産もなかなかやるな、と感じた。そんな夏の味覚を愉しみながら、三冠王を手にした頃からの食について書いていこう。

一九八六年、私は二年連続で三度目の三冠王を手にすることができた。二年連続の三冠王は、一九七三、七四年の王貞治さん(巨人)に次ぎ、阪神のランディ・バースと私が同時に達成。三度目は史上初で、打率三割六分、五〇本塁打、一一六打点という成績も圧倒的だった。

首位打者のタイトルを一九八一年に初めて手にした時、私は何か自分の足跡をプロ野球の歴史に残したいと考えるようになった。多くの選手が目指すのは、個人タイトルを一つでも多く獲得すること、通算成績でトップに立つことだろう。

だが、二六歳になるシーズンにプロ野球へ飛び込んだ私は、仮に四〇歳までプレーできたとしても一五年だから、王さんの八六八本塁打や張本勲《いさお》さんの三〇八五安打には届かないだろう。ほかにトップに立てる記録はないか、と考えていたところ、翌一九八二年に三冠王となった。

当時、三冠王は王さんの二度が最高だったから、三度手にすればトップに立てると、私の大きなモチベーションとなった。そして、四年後にそれを達成した。この頃は、プロ野球ファンのみならず世間一般の人でも私の顔と名前を知っている、そうした空気を肌で感じ、プロ野球界のトップに立ったということを実感した。

余談になるが、オリンピックや万国博覧会といった、世界中から人が集まるイベントを開催する際などに、経済効果を試算するだろう。ある研究者が、個人名の経済効果というユニークな視点で試算したところ、三度目の三冠王を獲得した〝落合博満〟という名前の経済効果は四〇億～五〇億円になると言われた。

私がここまでの選手になれたのは、もちろん妻・信子という存在があったからだ。殊に食生活におけるサポートには、感謝してもし切れない。ただ、私が三度の三冠王を手にしたことで、あらゆる面で信子の負担は大きくなっていく。


落合のプロ野球選手としての知名度が上がるにつれ、私たち夫婦から当たり前の穏やかな生活はなくなっていきました。落合がチャンスに凡退してチームが負ければ、夜中でも電話が鳴り、出れば「おまえのせいで負けたじゃないか」と罵声を浴びせられます。ピンポンダッシュをされたことは数え切れません。

ファンレターもたくさんいただき、その大半は「頑張ってください」や「応援しています」という有り難い内容ですが、中には体を壊した方から「見舞いに来てほしい」とか、事業で失敗した方から「お金を貸してほしい」というものもあります。

そうした声にすべて応えるわけにはいきませんし、何から何まで落合に伝えるわけにもいかない。次第に誰からどう思われているか、という面で落ち着かない生活になっていきましたが、私がしっかりしなければ落合に無用な心配をさせてしまう。だから、落合が家を空けている時は、常に武器代わりの箒《ほうき》を持って玄関の扉の前に立っているような心境で過ごしていました。

本来ならば、夕食は一日の仕事の疲れを癒し、明日へのエネルギーを充電する時間でもあると思うのですが、落合の夕食はファンの皆さんの期待に応えるための準備をする、まさに仕事の延長のような時間でした。

それでも幸いだったのは、私と出会った頃は好き嫌いが多く、体調を崩すこともあった落合が、食の大切さをしっかり自覚してくれたことです。私の手料理を残さずに食べるだけでなく、自分自身でもバランスや栄養を考え、遠征先でもいい食事を摂ってくれた。プロ野球でトップに立つ選手に相応しい自己管理をしてくれたのです。

一つだけ気になっていたのは、お酒が好きなこと。特にビールを飲み過ぎると、お腹が膨れて食欲が落ちるという話も聞いたので、「ビールはやめたほうがいいんじゃない？」と言ったことがあります。落合は「それならブランデーにする」と言うので、一杯くらいならいいと返しました。するとどうでしょう。花瓶のようなピッチャーにブランデーの水割りを作ったのです。一杯ではなく、たくさんの意味のいっぱいです。

「これでも一杯だろう」

落合の得意気な表情を見ると呆れるしかありませんでしたが、お酒にもカロリーがあることを自覚し、食事とのバランスを考えて飲んでくれるようになりました。

落合によりよい食生活を続けてほしかった私は、そもそもプロ野球選手とはどういう仕事なのか知りたくなりました。野球をすることはもちろん知っていますが、一日の時間の使い方や遠征先での生活にも関心を持ったのです。それを落合に伝えると、ある時の遠征に連れて行ってくれました。

夏場の大阪遠征の時、落合は何人かのチームメイトと台湾料理店に入りました。その時にいただいた鍋料理に、私はピンときました。

それは、石鍋料理だ。文字通り石製の大きな鍋にゴマ油をたっぷりと入れ、まずは豚肉を炒める。その豚肉を一度、石鍋から出し、次はゴマ油で玉葱を炒める。玉葱も出したら、石鍋に鶏ガラスープを注ぎ、野菜、海鮮、豆腐など好みの具材を入れて煮込んでいく。鍋の準備が整ったら、豚肉と玉葱を戻し、仕上げに輪切りにしたトマトをのせる。それらの具材を、生卵に細かく刻んだ大蒜《にんにく》を混ぜ、豆板醬《トウバンジャン》や七味唐辛子を好みで入れたタレにつけて食べるのだ。

聞くところによると、この石鍋は台湾の伝統的な料理の一つで、私が食べた頃には日本の台湾料理店でもメニューになっていた。しかし、一九九〇年代後半から、台湾では若者を中心に辛い火鍋が流行り出し、この石鍋は台湾でも食べられる店がほとんどなくなってしまったという。最近では、また石鍋料理店が見られるようになってきたらしいが、ブームの再来というところまではいっていないということだ。

ともあれ、この石鍋を信子が我が家でも出してくれるようになってから、季節を問わず、特に食欲がどうしても落ちてしまう夏場は、鍋料理にすることが多くなった。まず、スープや野菜で水分が摂れ、不足しがちな塩分も適度に補うことができる。また、何でも具材にすることができ、煮込まれた分、スムーズに胃袋に入っていくことでスタミナが落ちなくなる。そして、鍋が終わったあとに麵や飯を入れ、締めの炭水化物を摂れば満足感も十分だ。

気がつけば、寄せ鍋、水炊き、すき焼き――我が家の食卓が鍋料理になる割合はうんと高くなり、後輩選手や知人を招いた時も鍋料理を振舞う機会が多くなった。それぞれの鍋料理に適した鍋もすべて揃えた。角界では、部屋ごとに独自のちゃんこ鍋がある。力士たちの強く大きな体を作る主役はちゃんこ鍋という伝統が示しているように、鍋料理はスポーツ選手にとって万能な育成メニューなのだ。

遠征先でも、私はその土地、季節ならではの鍋料理を食べるようになり、次第に鍋奉行になっていった。鍋料理とひと口に言っても、東日本と西日本では作り方が違う部分もあり、鍋の文化にも興味を持った。その中でも、特に私が関心を抱いたのは、鍋焼きうどんである。これは、現在まで約三〇年間にわたって、全国を食べ歩くほどの熱の入れようだ。講演などで地方に足を運んだ際は、時間があればご当地の鍋焼きうどんを探す。

そうして、長年にわたって全国各地で鍋焼きうどんを味わい、私なりに鍋焼きうどんをこう定義した。一人用の土鍋を用い、うどんを醬油出汁のスープで煮込む。具材は鶏肉、麩、生卵、なるとか蒲鉾、長葱、椎茸が必須。さらに、海老の天ぷら、筍、人参、細かく刻んだ揚げを入れてもいい。餅を入れる店もあるが、それでは力うどんと区別できなくなるので、私は違うと感じている。

地域で言えば、四国や九州は鍋焼きうどんを置いていない店が多い。愛媛県松山市では、終戦直後から市民の味として親しまれ、蕎麦屋だけでなく、定食屋でも鍋焼きうどんを置いている店が目立つ。ただ、大半がアルミ鍋を使っており、私に言わせれば器が異なれば違う料理という印象だ。松山の鍋焼きうどんは、これはこれで美味い。しかし、私が定義する鍋焼きうどんではない。

ある地方の蕎麦屋で鍋焼きうどんを注文した時、出てきたものを見て驚いた。その蕎麦屋に置いてある具材をすべて入れたのではないかと思うほど、豪華絢爛だったのだ。作ったご主人は頭を掻きながら言った。

「落合さんだったから、喜んでもらおうと思って……」

鍋焼きうどんを巡る旅では、そんな笑える思い出もある。

うどんや蕎麦にまつわる雑学になるが、関東で「きつね」と言えば油揚げ、「たぬき」と呼ぶのは天かすだ。そして、それぞれにうどんと蕎麦がある。一方、関西で「きつね」と言えば油揚げを入れたうどんを指し、油揚げを入れた蕎麦のことを「たぬき」と呼ぶ。つまり、関西ではきつね蕎麦、たぬきうどんという呼び名がない。こうした地域による食文化や呼び名の違いも面白いものだ。

夏バテを防ぐ「お煮かけ」

落合は外出先でも好んで鍋料理をいただくようになり、その地域や店における鍋作りの流儀も教わってくるようになりました。私のほうは、食欲が落ちる夏場に鍋料理以外にもいいものはないかと考えましたが、「お煮かけ」は落合にも好評でした。

私は長野県上田市の出身なのですが、母から教わった郷土料理が「お煮かけ」です。茶碗一杯くらいの油を鍋に入れ、そこで白菜など季節の野菜を何種類か炒めます。細かく刻んだ油揚げや茸類を入れてもいいでしょう。さらに、煮干しの粉をひと握り。そして、生醤油を鍋にひとまき注いで味付けします。その熱々の「お煮かけ」を素麺や冷や麦に絡めていただくのです。出汁よりも麺がスルスルと入り、夏バテを防ぐことができました。

このように、鍋料理を中心にした食生活で落合は戦っていましたが、体の手入れに関しては感心するほど丁寧でした。球団のトレーナーさんに球場でマッサージしてもらう選手が多い中、落合は自分の体に指先で触れる感覚が合うトレーナーさんを見つけ、その方と個人契約。治療するための寝台も買い揃え、試合が終わって帰宅するとマッサージを受けていました。

そのトレーナーさんによれば、落合の筋肉はとても質がいいということでしたが、シーズンオフに温泉旅行へ出かけた時のことです。落合は旅の疲れを癒そうと、温泉旅館でマッサージをお願いしました。布団に横になり、マッサージ師さんが落合の首に触れるや否や、落合は飛び起きて言ったのです。

「ごめんなさい。決して下手なマッサージではありませんが、指先の感覚が僕の体にはちょっと合わないようです。お代はお支払いしますから、今日は結構です」

この時ばかりは、そこまで繊細な感覚で自分の体を管理しているのかと、落合を見直してしまいました。そのほか、球場への行き帰りも自家用車を運転すると神経を費やして目も疲れますから、ハイヤー会社と契約して送迎してもらう。そうして、考えられる負担をできる限り取り除き、毎日プレーを続ける落合は、まさにプロの中のプロでした。

けれど、私には一つだけ不満がありました。考え方が消極的というか、無欲なのです。

三度目の三冠王を獲らせていただいたシーズン（一九八六年）が終わると、大変お世話になっていたロッテオリオンズの稲尾和久監督が辞任されました。「来年も一緒にやろう。頼りにしてるよ」と言っていただいた落合も私も寝耳に水でした。

稲尾さんの本に、真相が書かれていました。九州出身の稲尾さんがロッテの監督に就任されたのは、ロッテの本拠地を川崎から九州に移す計画があると言われたからだそうです。けれど、監督就任から三年経っても計画が本格化しなかったため、移転計画が具体的に示されないのならと、契約の延長を辞退されたということでした。

そのうちに、ロッテが落合をトレードするのではないかという情報が、水面下のさらに下で飛び込んできます。稲尾監督の辞任に続き、落合は大きなショックを受けていました。頭の切り替えが早い私は、落合にこう言いました。

「球団はロッテだけじゃないでしょう。パ・リーグで三度も三冠王を獲ったのだから、今度はセ・リーグでも三冠王に挑戦してみれば」

ただ、落合は「ロッテが俺を出すわけがない。引退するまでロッテのユニフォームを着るんだ」と、私の話には一切乗ってこないのです。それでも、球団はこの年限りで現役を引退した有藤通世《ありとうみちよ》さんに監督就任を要請し、チームのイメージを変えるために落合をトレードしたがっているということがわかりました。事実、前の年にも巨人からトレードの申し込みがあり、その時は稲尾監督が断っていたということでした。

そうした動きがあることを知った私は、日米野球の移動日に福岡市内で開かれた『落合博満を励ます会』の席上で、「稲尾さんがいないのなら、自分もロッテにいる理由はない。来年どのチームにいるかは契約が済んでみないとわからない。自分を一番高く買ってくれる球団と契約したい」という趣旨の発言をした。

ここから連日、私の去就がメディアを賑わせる。一一月二一日には伊豆大島の三原山が大噴火するのだが、それ以外の日は私に関する記事がスポーツ紙の一面に掲載された。通常、スポーツ紙はプロ野球のペナントレース中に比べて、シーズンオフは売り上げが約八割に下がるそうだが、この年だけはペナントレース中の二割増しで売れたというから、世間の関心も高かったのだろう。果たして、私は一対四の交換トレードで中日ドラゴンズへ移籍し、それが一二月二三日に発表された。中日での年俸は一億三〇〇〇万円で、日本人初の一億円プレーヤーとなるわけだが、移籍先が決まるまでの約五〇日間には、引退の危機もあったのだ。

落合の移籍騒動の間、自宅の前には昼夜を問わず多くの新聞記者が詰めかけていました。ちょうど落合が外出し、私が一人で在宅している時に、あるスポーツ紙の記者さんが訪ねてきました。その記者さんは、普段から落合を取材している担当ではありませんでした。落合にではなく、私に話を聞きたいと言うので、その記者さんを自宅に上げ、いくつかの質問に答えました。そのやり取りの中で、私はこんなふうに話をしました。

「こんな騒動になってしまって大変です。落合は野球以外のことで煩わされると、野球そのものをやめてしまうと言い出しかねない性格なんです」

それを聞いた記者さんは、私が落合を引退させようとしているという内容の記事を書いたのです。本人がそう書いたのか、上司にそう直されたのかはわかりませんけれど。

帰宅した落合がそのことを知ると、記事を掲載したスポーツ紙の別の記者さんを呼び、こう伝えました。

「妻が私を引退させるという記事が出るのなら、引退するしかないな。記者会見をやるから、他社の記者も集めてうちに上がってもらってくれ」

落合にそう言われた記者さんは、自社のデスクに電話を入れ、その記事を可能な段階から差し替えると謝罪してきました。まさか、三度も三冠王を獲った選手を、いい加減な記事が理由で引退させるわけにはいかないということです。結局、他のスポーツ紙はこれを静観し、落合が引退するというニュースは誤報だったということで決着しました。今だから書けますが、誤報を訂正する記事は落合自身が骨子をまとめたのです。

一連の騒動の末に中日へ移籍した落合は、ロッテひと筋のプロ野球人生を送るという考えから、野球はどの球団でやっても野球だ、と受け止めるようになりました。その後、年俸調停をしたり、フリーエージェント制度が導入されると巨人へ移籍したり、落合は私にけしかけられながら、プロ野球界が進歩していくように行動してきたと思っています。

そんな落合が一年でも長く現役生活を続けられるよう、食事を作ってきた私も、一つ実感したことがあります。夫や子供たちが喜び、健康でいられる食事を作るには、料理の腕を磨いたり、愛情を注ぐことが大切だと言われています。確かに、その考え方は理解できます。でも、腕を磨き、愛情を注ぐだけでもいい料理は作れません。本当に血となり肉となり、仕事の原動力となる料理は、素材や鮮度が勝負なのです。お値段が高い物というわけではなく、丹精を込めて人がつくった採れ立ての物であることが大切なのではないでしょうか。

5
監督時代の選手の食生活への目配り

監督・コーチと一緒に夕食を摂りたがらない選手たち

本章の原稿は、残暑が厳しかった八月下旬に執筆した。その内容を打ち合わせた際の食事では、旬のものが並んだ。

〝旬〟を辞書で引くと、「魚介、蔬菜《そさい》(野菜)、果物などがよくとれて味の最もよい時」とある。また、旬という文字には「一〇日」という意味があり、だから一か月を一〇日ごとに分け、上旬、中旬、下旬と呼ぶのだ。そして、食材における旬とは、素材が最も美味い時期のほかに、収穫量がピークとなる時期、季節を先取りする初物や〝はしり〟という意味で使われることもあるという。

私が主にいただいたのは、ちょうど旬に入った松茸である。岩手産が美味い時期ということだったが、二〇一九年の国内産は全体的に小ぶりで高額なようで、中国など外国産で良質なものも出回っているという。私はスタッフの皆さんと五人で、土瓶蒸し、炭火焼き、天ぷら、松茸ご飯にお吸い物と、ちょっと贅沢だが、フルコースにしてもらった。炭火焼きは、傘の部分からガブリといただくのが、風味も感じられてよいとのこと。ただ、歯が悪かったり、高齢の人は、無理せず適度に裂きながらいただくのがいい。

また、本来は一一月あたりから穫れるという初物の金時人参（京人参）は天ぷらで、まさに収穫量がピークのだだちゃ豆は茹でてもらった。「だだちゃ」とは、庄内地方の方言で「お父さん」を指す。献上された庄内藩の殿様が、あまりに美味かったため、「どこのだだちゃが作った豆か」と尋ねたのが由来、あるいは、美味い豆ゆえ家長が最初に食べるのが由来など諸説あるようだが、こうしたうんちくを語り合ったり、調べたりしながらの食事は楽しいものだ。

そう、食事、殊に夕食の時間というのは食欲を満たすとともに、会話を楽しみながら、その日に起きたことを省みて、明日への気持ちを整えるという意味もあるのだと思う。

さて、野球界で〝旬〟と言えば、レギュラーになって活躍している選手を指すのだろう。そんな選手たちとともに戦っていた監督の時も、彼らの成長や活躍をサポートするという点で食生活を気にかけていた。

中日ドラゴンズで監督を務めさせていただいた八年間、落合は常に選手のことを考えていました。それを傍らで見ていた私も、なかなかいい監督だと感じていましたが、実は現役引退したあとの落合は「監督にはならない」と言っていたのです。落合本人がやりたいかどうかではなく、自分を監督にしようと考えるような球団オーナーがいるわけないから、監督の要請は来ないと断言するのです。

プロ野球という世界は、選手として目立つ実績を残したり、コーチで指導の勉強をしてきた人が、その手腕や可能性を認められて監督になるわけではない。他の業界でもあるように、人間関係や学閥のようなものが重んじられる場合が多いので、大学を中退し、派閥に属さず一匹狼だった自分に話が来るわけないとのこと。監督としてユニフォームを着ている姿を見てみたかったので、私はとても残念でした。

ただ、あるテレビ番組に夫婦で出演した時、「将来はまたユニフォームを着てくださいね」という司会者の言葉に、「監督なら考えます」と落合は答えたのです。決して本人にやる気がないわけではないと、私が淡い期待を抱くと、そんな落合を見ていてくださる方がいたのです。

二〇〇三年秋のある日、洗濯物を取り込んでリビングに戻ると、落合が神妙な面持ちで「はい、はい」と電話をしています。ピンと来た私がバットを構える格好をすると、落合は首を縦に振りました。これは、電話の用件が野球であるという意味。私が広告のチラシの裏に「ＯＫ」、「前向きに」と書いて見せると、落合は「前向きに考えさせていただきます」と言って電話を切りました。

そうして、落合監督は誕生したのです。

監督に就任する際、白井文吾《ぶんご》オーナーから「常勝チームにしてほしい。現場の全権を任せる」と言われ、そのために必要な時間と私が判断した三年契約を結んだ。すぐに秋季練習やキャンプを視察した上で、私なりの考えを実行したのは、翌春のキャンプや遠征先での食事と、外国人選手の採用についてだった。

プロ野球のキャンプや遠征の歴史について、少し書いておこう。私がロッテオリオンズに入団したのは一九七九年だが、その頃は宿舎が旅館からホテルへ移行しつつある時期だった。旅館の時代は大広間でチーム全員が揃って食事を摂り、布団に雑魚寝ということもあったようだ。旅館の食事は朝も夕も日本食がほとんどで、野球チームのような団体は、鍋やすき焼きを何人かで囲むことが多かったという。

それがホテルになると、部屋はシングルかツインになり、食事は宴会場でのバイキング形式。

メニューも、洋食や中華の焼き物や炒め物が増えていく。私たちの時代は、ホテル側は腕によりをかけた献立にしようと考え、選手も専門のシェフが作った料理を喜んで食べる。だが、どんなに豪華なメニューでも、次第に飽きてくるものだ。最終的には家庭で食べているようなメニューが落ち着くし、夜でも納豆や焼き海苔にご飯と味噌汁がいいという選手が出てきて、どういうメニューにするかホテル側と球団で話し合うこともあった。

あくまで食事は自分が食べたい物を、できるだけバランスよく摂るのがいい。私はそう考えているので、監督になってからは、料理の質にしても、品数にしても、ホテル側にはかなりの要望を出した。

それでも、選手の集まりはよくなかった。球団にもよるが、私は春季キャンプの期間は練習後に選手を解放した。夜間練習やミーティングは行わず、門限も設定しない。つまり、その日の練習を終えたら、翌日の練習開始までは自由ということ。だから、球団が用意した夕食を摂らず、自費で外食をしてもいいのだが、豪華なメニューを揃えているにもかかわらず、宴会場に現れる選手は数えるほどだった。あるいは、宴会場で軽く食べ、すぐに外出していった。

「いまどきの若い子は、外で好きな物を食べるのがいいのかな」

私がそう言うと、ある球団職員はこう答えた。

「監督、これでもホテルで食べる選手は増えています。以前は誰ひとり来ませんでしたから」

その理由の一つは、監督やコーチと一緒に食事をしたくないというものだ。昼間はグラウンドで「ああだ、こうだ」と叱られ、夕食の席で再び同じことを説教される。そんな毎日が続くと、「飯くらいはゆっくり食べたいよな」という気持ちになるのも理解できる。ならばと、キャンプ中は監督やコーチと選手の食事会場を分けた。

とにかく、選手にとって一番大切なのは体であり、その体を健康に保ち、強くしていくのは食事と睡眠だ。私は監督就任時に「練習では泣いてもらいます」と選手に伝えたように、一切の妥協を排除して鍛えに鍛えた。そのためにも、プライベートな時間には干渉せず、選手が自分の野球人生に自分自身で責任を持てるようにしたかった。

そして、私は特別な用事がない限り、キャンプでもペナントレース中の遠征でも、宿舎の宴会場で、できるだけゆっくりと食事を摂った。すると、何か私と話したい選手は、私がいる時間を見計らって宴会場にやって来る。そこで技術に関する対話が始まり、気づいたら夜中になっていたこともある。

私は思った。いまどきの若い子は、目上の人間と時間を共有したくないのではない。つまらない自慢話や説教をされながら、食事をしたくないだけではないか。野球のように技術的、あるいは戦術的な要素を学ぶ世界では、グラウンドで体を動かすだけではなく、頭で理屈を考えたり、試行錯誤する時間も大切だ。もちろん、それに関して指導者や先輩との対話で吸収することもあるわけで、食事の間は肩肘張らずに野球(仕事)の話ができる時間としても活用できる。

「郷に入れば郷に従う」外国人選手

食事の内容や摂り方は、生まれ育った時代や地域、家庭環境にも大きく影響されると思います。前の章で、落合の現役時代は、夏場でも鍋料理が多かったとお話ししましたが、私はその鍋にもこだわりました。最近では珍しくない仕切り鍋を、我が家では三〇年くらい前から使っていました。それは、肉や魚介と野菜類を別々に煮るためです。

肉も野菜も、鍋で煮込んでいると灰汁《あく》が出ます。肉の灰汁は肉汁や血液ですから、見た目や味が気になる場合は取り除きますが、口に入れても害のあるものではありません。ただ、無頓着に摂り続けていると、血管を詰まらせてしまうことがあると聞きました。また、野菜から出る灰汁には、ほうれん草のシュウ酸のように害のあるもの、嫌なえぐみになるものもありますから、取り除くべきなのです。だから、灰汁が混ざらないように、我が家ではしゃぶしゃぶも肉と野菜を仕切り鍋でいただいています。

そんな家庭ですから、息子の福嗣も四季を問わず鍋料理を食べていましたが、それを学校で友達に話すと、「夏でも鍋なの？」と笑われたそうです。面白かったのは、中学の修学旅行で京都へ行った時、見学先やホテルでいただく食事も美味しかったそうですが、帰宅した福嗣は「せっかく京都だったのに、湯豆腐を食べられなかった」と残念がるのです。

中学生ならステーキとか揚げ物のように、カロリーの高い物が好きなものでしょう。でも、鍋を食べ慣れていた福嗣にとっては、京都と言えば湯豆腐でした。ちょうど落合も現役を引退し、時間にゆとりがある頃だったので、「よし、それなら湯豆腐を食べに京都へ行こう」と、突然、家族三人で京都旅行に出かけたこともありました。

前の章の終わりに、「腕を磨き、愛情を注ぐだけでもいい料理は作れません。本当に血となり肉となる料理は、素材や鮮度が勝負なのです」とお話ししました。落合は魚の刺身を「生臭い」と好みませんでしたが、生食には人の体温に馴染みやすいというメリットがありますから、特に鮮度のいい物を出すようにしました。最近の落合は、河豚の刺身や身の部分を唐揚げにするのが好物になりましたが、それは私の河豚好きの影響なのです。

もう一つ、素材や鮮度にこだわるのは、素材そのものの味を感じてもらいたいからです。

焼いたり、揚げたりという調理をせず、調味料にも頼らない。けれど、どんな食材にも味がありますから、それを知ること、味わうことも大切だと考えています。

冒頭に落合が書いた打ち合わせのお食事会には、私も同席させていただきました。松茸のフルコースはもちろん美味しかったのですが、北海道の礼文島《れぶんとう》で獲れた生雲丹《うに》は、醤油や塩をつけず、そのままいただいたら甘みがフワッと口の中に広がりました。ミョウバンを添加せず、海水で洗っただけの雲丹は、ほんのりと磯の香りがして幸せな気持ちになります。

最近は福嗣の娘たち、つまり私の孫と食事をする機会もありますが、一緒に卵を茹でていただく時も、「塩をつけずに、そのまま食べてごらん」と教えます。素材の味を知ること、素材をそのままいただくことも、長い目で見れば体にとって大切だと思っています。

我が家のようにプロ野球選手の家庭はやや特殊でしたが、最近では母親も働いている家庭は珍しくなく、夕食時に家族が揃わないだけではなく、頻繁に出前の食事や外食をする子供も増えています。また、小学生の時から塾通いが当たり前になれば、その行き帰りにファストフードで空腹を満たすこともあるでしょう。

これは、時代の流れ、生活様式の変化ですから仕方がない。昔のように、家族で食卓を囲む回数が少なくなれば、食事は一人でしたい、鍋などをみんなでつつき合うのは抵抗がある、という若者が増えているのも理解できます。それから、「早く、安く」を売りにしているチェーンの飲食店も増えました。時間を惜しむように丼ものをかき込む習慣がつけば、時間をかけて食事を摂ることも億劫になるでしょう。

ただ、そうして時代が移り変わっても、昔ながらの日本人の食事の内容や摂り方については、若い人たちにも折に触れて伝えていかなければいけないと、監督をさせていただいた時の落合の苦労も見ながら感じてきました。その点では、外国人選手の方々は「郷に入れば郷に従え」の精神で、遠征先でも宴会場で食事をされていたと思います。

外国人選手の採否については、難しい部分もあった。かつてはメジャー・リーグ球団と契約してもらえなくなった選手が、次の働き場を求めて来日した。契約の際には代理人がついている選手が大半で、中には使い物にならない選手を薦めてくる代理人もいる。実際、中日も外国人選手に食い物にされるようなことがあった。

しかも、メジャー・リーグと日本の野球には異なる点も多く、実力を備えた選手でも、アメリカでやってきたことが日本で通用するとは限らない。表現は悪いが、外国人の採用にはギャンブル的な部分も否定できなかった。

常勝チームを築くには、そうした部分も解決していきたい。森繁和コーチに相談し、外国人も日本で育ててみようという話になり、西武でプレーした経験のあるドミンゴ・マルティネスに現地でのスカウトを任せて、ドミニカ共和国で選手を探すことにした。

シーズンオフになると森コーチがドミニカ共和国へ渡り、マルティネスとともにテストを実施する。現地には貧困の家庭も少なくないゆえ、テストには食事が用意されていると知れ渡ると、多くの若者が集まってきたという。

最も強く印象に残っているのは、二〇〇八年に入団したマキシモ・ネルソンという、身長が二メートルを超える投手だ。一八歳でニューヨーク・ヤンキースと契約したが、ドミニカ人が画策した偽装結婚に関与したとしてアメリカに入国できなくなり、イスラエルなどでプレーしていた。冬場は海老を獲って何とか生計を立てていたそうで、森コーチが実施したテストにも短パンにサンダル履きで飛び入りしたらしい。

素質はあるし、人柄もよかったので、翌春に来日させ、私の前でもテストをして採用。二〇一一年には一〇勝を挙げ、セ・リーグ連覇に貢献してくれた。この時、メジャー・リーグのスカウトたちは「あのどうにもならなかった投手を、どうやってプロで活躍できるまでに育てたんだ」と目を丸くしていたと聞いた。

彼らは一年目の年俸が五〇〇万～一〇〇〇万円でも一生懸命にプレーし、給与の半分くらいは母国の家族に仕送りしている。だから、日本での生活費も節約しようと、遠征先でも外食はせず、球団が用意した食事を摂っていた。日本という国は豊かになったが、世界中にはまだ、食べるために必死で仕事を探さなければならない国があり、ハングリー精神に満ちた若者がいる。

それでも、活躍できなければ一年で解雇される。今でも申し訳なかったと思っているのは、二〇一一年に入団したジョエル・グスマンという選手だ。内野も外野も守れて、バッティングのパワーは抜群。森コーチからの報告を信じて契約すると、確かに素晴らしい選手だった。

ただ、私からすればバットの握り方だけが気に入らない。それを直すようにアドバイスすると、グスマンも納得してくれた。ところが、バットの握り方を直したばかりに、本来のバッティングができなくなってしまったのだ。あとになって考えれば、私が気に入らない握り方でも、スイングする過程で基本通りに戻っていた。余計なことを言ってしまったと反省したが、後の祭り。開幕戦で本塁打を放ったものの、一年で日本を去ることになった。

格安の年俸で契約し、活躍できなければ解雇されるドミニカ人選手は、ドラフトで高額な契約金を受け取って入団してくる日本人選手にとっても、大きな刺激になっていたと思う。そうやって選手を競争させ、チームを作り、八年間で四回リーグ優勝することができた。

食事が気持ちを整え、食べる楽しみを生む

監督を務めた八年間で感じたのは、私たちの時代と現在では「食べる」という定義が変わったということだ。

今も昔も、プロ野球界に入れば「体を大きくしなさい」と言われる。私たちの時代は投げる、打つ、捕る、走るという練習を徹底的に繰り返しながら、よく食べてよく眠った。私自身の経験では、どんなに食べても、食べても、そのカロリーを練習で消費してしまい、体重が増えなくて苦労した。だから、太れない体質の選手は、ウエイト・トレーニングを採り入れたり、プロテインなど補助食品も摂った。

しかし、最近の選手は、まずウエイト・トレーニングや補助食品で体を大きくする。プロに入った途端にがっしりとした体格になる選手は少なくないが、私の目には練習しないで栄養を摂るからすぐに太っているようにしか見えない。だから、変な故障が多い。つまり、野球選手が成長するための〝主〟である「練習して食べる」ことが〝従〟になっているのだ。

そして、先にも書いたように、食事には気持ちを整える意味もあり、だから食べる楽しみがあるはずなのだが、若い人たちはその〝食べる楽しみ〟を感じていないような気がする。これは、

食べることや健康について、あらゆる情報を一方的に流し続けるメディアの影響もあるのだろう。「食べる」定義の一八〇度と言っていい変化には、危機感を持ったほうがいいと考えている。

落合は監督を務めている間、常に選手のことを思い、こういう問題についても考えを巡らせていました。難しい話題が続きましたから、落合が八年間の監督生活を終えた時の、私へのプレゼントの話で結びましょう。

監督の仕事をサポートしてきた私にご馳走してくれるというので、私は「河豚が食べたい」と言いました。出会ったばかりの頃、初めてご馳走してくれた時は「河豚は嫌いだ」と言われましたが、今度はデパートの外商さんに「河豚料理を五人前届けてほしい」と連絡してくれたのです。そうして、配達された河豚料理を二人で愉しみました。

次の日、落合が「まだ食べ足りないだろう」と言うので、「河豚は大好きだから、毎日でも嬉しいね」と返すと、また河豚料理を注文してくれたのです。驚いたことに、その次の日も……。何と、落合が監督を退任して一か月ほどは、二人で河豚料理を食べ続けたのです。これだけ偏れば、さすがの河豚でも体によくないのでしょうが、時にこんな馬鹿げたことをしてしまうのも、食べることの楽しみの一つなのかもしれません。

できれば、若い方々にも「映える」物だけでなく、食べることの楽しさを感じていただきたいと思っています。

6

酒の効用

秋田県産芋焼酎『だんぶり長者』に出会う

日本青年会議所が主催する研修のプログラムにある講演に呼ばれ、久しぶりに故郷・秋田県の能代市へ足を運んだ。その際、前後のスケジュールの関係で能代市内に前泊しようと思ったのだが、どのホテルも満室で予約できない。聞けば、私が講演する研修の参加者が泊まるのだという。なるほど。それで、仕方なく秋田駅近くのホテルに宿泊することになり、到着後の夕食をそのホテル内のレストランで摂った。

還暦を過ぎたあたりから、酒はほとんど芋焼酎になった。乾杯の一杯目から芋焼酎の水割りだ。銘柄にこだわりはなく、芋焼酎ならば、その土地、店にあるものを味わう。ただ、最近、家族と焼肉店に行った際、水かと感じるほど薄い水割りを出され、どうも食事のペースを乱されてしまった。それからは一、二杯目をビールにすることが多くなり、この時もしばらくビールを飲んでいると、酒瓶が並んでいる棚に聞いたことのない銘柄を見つけた。

『だんぶり長者』というラベル。店員に尋ねると、秋田県産の黄金千貫《こがねせんがん》という薩摩芋を原料に使用した芋焼酎だという。とりあえず〝だんぶり〟という名前が懐かしくて注文してみた。

だんぶりが何か知っている人はいるだろうか。津軽が発祥とされる東北地方の方言で、とんぼを指す。私も幼い頃、とんぼを「だんぶり」と呼んでいた。では、『だんぶり長者』とはどういう意味か。こんな昔話に由来するという。

「出羽国で暮らしていたある娘の夢に老人が現れ、川上に行けば夫となる男に出会う、と告げる。その通りに娘は男と出会って夫婦となる。正月の夢にまた老人が現れ、もっと川上に住めば徳のある人になる、と告げる。夫婦はその通りにすると、野良仕事に疲れてうとうとしていた夫の口に、飛んできただんぶり(とんぼ)が尻尾で触れた。目を覚ました夫がだんぶりのあとを追うと、岩陰に酒の湧く泉を見つける。その酒は尽きることなく、飲むと病が治癒した。夫婦はこの酒で金持ちとなり、天皇から長者の称号を与えられる」

久しぶりの郷里で、子供の頃に使っていた「だんぶり」という言葉を見て、こんな昔話があったことを初めて知る。『だんぶり長者』という芋焼酎もなかなかの味わいで、飲みながら昔のことを思い出したりした。私にとって酒というのは、いつしか人生の中に当たり前のようにあるもの、白飯とともに殊に夕食には欠かせないものである。

そもそも、人はなぜ酒を飲むのか。酒は有史以前から作られていたという説があるし、人間の歴史において最古と言っていい向精神薬の一つとも考えられているから、人と酒の関わりを考え始めたらキリがないだろう。ただし、大きなメリットとデメリットがあるということだけはわかっている。この章では、そんな酒をテーマにしてみたい。

酒とは上手く付き合いながら、生きてきた

一九八七年にケビン・コスナー主演で映画化された『アンタッチャブル』は、禁酒法時代のアメリカ・シカゴが舞台になっている。それまで賭博や窃盗に限られていたマフィアの活動が、無許可での酒類の製造にまで広がり、そのボスだったアル・カポネと財務省捜査官エリオット・ネスの対決を描いた実録物。アル・カポネを四四歳だったロバート・デ・ニーロ、エリオット・ネスを三二歳のケビン・コスナーが演じ、日本でも大ヒットした作品だ。

実際、一九二〇年一月に合衆国憲法修正第一八条が施行され、フランクリン・ルーズベルトが大統領に就く一九三三年まで、アメリカでは十余年の禁酒法時代があった。それほど飲酒の習慣は人々の生活に影響し、酩酊した人間による事故や犯罪が後を絶たなかったのだ。アルコール依存症や飲酒による発ガンなどは現代でも克服できない課題であり、酒の最大のデメリットと言える。

一方で、適度な飲酒は疲労回復、ストレス発散、コミュニケーションの円滑化というメリットをもたらすとも言われる。それゆえに、私たちが子供の頃は、親の監督・責任下で酒との付き合い方をそれとなく教えられた。いや、教えられたというほどのものでもない。正月や何か慶事があった時に、祖父や親戚の叔父さんらの見ている前で、口を湿らす程度にお猪口《ちょこ》をすすったという感じか。

また、昭和の時代は高校を卒業すれば、大学生であれ就職した社会人であれ、酒に関しては大人と扱う風潮があった。あくまで法律では二〇歳以上と決められているものの、飲酒に関しては世間にも寛容な空気が流れていた。時折、節度を超えた飲み会や、それによる事故がクローズアップされることはあったが……。

私も東洋大学へ入学し、野球部の一員となった頃、東北出身者の集まりのような飲み会に呼ばれたことがある。大学入学で上京してきた若者に酒を飲ませる大人の儀式であるが、そういう席では潰されるのがわかっていた私は、自ら大瓶のビールを次々と飲み干した。数えながら飲んだからはっきりと覚えているが、三七本を飲むと、誘った大人たちのほうがダウンしてしまい、その人たちからは一切声をかけられなくなった。そうやって、顔を出したくない飲み会には呼ばれなくなるよう、自分を守ることも覚えていった。

このエピソードからもわかるように、私は酒が強い。ある時、医師から胃と肝臓は物凄い強さだとお墨付きをもらったが、確かに若い頃はいくらでも飲めた。東芝府中に勤務していた頃は、プロ入り間際の二四歳で税込み一〇万八〇〇〇円の月給から寮費などを引かれ、残りで一日三食をやり繰りしていく。給料日の直後はラーメンと炒飯を食べられるが、次第に炒飯は白飯に替わり、ラーメンもインスタントになる。二週間を過ぎたあたりで給料はなくなるから、近くの食堂のオバちゃんに頼み込んでツケ払いにしてもらう。そんな自転車操業的生活の中で、夕食時のビールとは、大袈裟と言われるだろうが、生きている喜びそのものだった。

それが、ロッテオリオンズからドラフト三位で指名され、契約金二六〇〇万円、年俸三六〇万円を提示された。高校卒の臨時工として採用された私は、仮に定年まで勤務しても、退職金は二六〇〇万円にはならないはずだ。ならば、契約金は退職金の前払いと考え、月給が約三〇万円になるなら、入団してもおかしくないだろう。三冠王を獲るどころか、自分が大成するとさえ思っていない。ただ、腹いっぱい食べて飲みたいからプロの扉を開けた。

そんな私だから、若い頃の酒にまつわる逸話は少なくない。二五歳でロッテオリオンズへ入団してから二年間、一軍とファームを行ったり来たりしていた頃は、主食がカップラーメンで、肉にビールがご馳走。毎晩、ウイスキーの水割りを何杯か飲んで眠るという、健康管理や節制という言葉とは無縁な生活をしている時期もあった。

タイトルを獲るようになって年俸も上がり、プロ野球という世界である程度まで生活できるかな、と考えていた三〇歳前後の頃は、シーズンオフに後輩を連れて自主トレをすることもあった。栃木県矢板市のゴルフ場で自主トレをした時は、ランニングがてら近所の酒蔵に足を運んだ。

物は試しと、樽から抽出したばかりの清酒を飲ませてもらうと、これが味わったことのないくらいの美味さだった。製品として出荷するものよりはアルコール度数が高いと言われたが、調子に乗って飲み続けると、帰り際に「落合さんは二升以上飲んでいますよ」と笑われた。どうりで、宿舎に戻って自室に入ると、そのままベッドで翌朝まで眠ってしまった。

今だから正直に言えば、シーズン中でも二日酔いでプレーしたことはある。だが、「いくら飲んでも三倍走れば大丈夫」という時代だ。しっかりとプレーしていれば、先輩たちから飲む量や飲み方をとやかく言われることはなかった。ビジネスマンの世界も、似たようなものだったと思う。

また、結婚してからの私は、妻・信子の手料理のおかげで、夏バテをすることがなかったと以前に書いた。私は秋田生まれなのに極度の寒がりで、反対に暑さには強くなったから、寝苦しい熱帯夜でも寝室のクーラーをつけることがない。

現役時代はナイトゲームを終えて午後一一時前後に帰宅すると、しばらく体のメンテナンスをして、それから夕食を摂る。床に就くのは午前二時くらいになるのだが、二〜三時間も眠ればたっぷりと汗をかき、朝の五時頃に一度は目が覚めてしまう。軽い脱水状態になっているので冷蔵庫から缶ビールを取り出して飲み、また昼過ぎまで眠るという生活サイクルだった。

それが、三二〜三三歳の頃だっただろうか、深酒をした飲み屋で眠ってしまったことがある。しかも、二日連続である。自分は酒には飲まれないと思っていても、さすがに体力的にキツくなってきたのかもしれないと、それからは遅くまで飲み歩くのをやめた。そうやって、酒で人様に迷惑をかけることはなく、生きていく上での資本である体を壊すこともなく、自分なりに酒とは上手く付き合いながら、ここまで生きてきたつもりである。

自由を奪われる感覚？——飲み会という空間

さて、講演の質問コーナーで、企業の中間管理職の方々からよく聞かれるのは、若手社員とのコミュニケーションの取り方である。まとめれば、いまどきの若手とどうすれば打ち解けられるのかということ。一般社会だけではなく、野球界でも若い世代は酒を飲まなくなった。これは、若者の気質が変わったというよりも、育ってきた環境の変化だと考えている。

私たちの時代、特に私のような田舎育ちは兄弟が多く、両親に祖父母も加えた大家族の中で暮らしていた。学校から帰宅すれば、家族みんなで食卓を囲み、それからの時間も家族団欒で過ごす。自然と会話をするから、人前で話す、人の話を聞くという行為が生活の中に当たり前にある。

それに対して、現代はどうだろう。まず、特に都市部では核家族が多く、昔に比べればひとりっ子が増えて兄弟は少なくなった。「亭主元気で留守がいい」というCMが流行ったこともあったが、父親が出張や単身赴任で家に帰らないことは珍しくなく、子供たちも塾通いなどで忙しい。そんな流れから、子供は大半の時間を自分の部屋で過ごし、テレビを観るか音楽を聴くかゲームをするか、とにかく人ではなく機械を相手にしている。

そうした環境で育てば、人前で話したり、人の話を聞くことに慣れていない。ゆえに、どうしても自己表現が上手くないし、対話によるコミュニケーションも苦手になるだろう。これは、最近の若者に何かが足りないのではなく、まさに時代の変化や流れが原因だ。その結果として、新社会人が〝六月病〟になってしまうのだという。

六月病とは、五月病の変化型らしい。五月病とは、進学や就職など新たな環境に身を置いた若者が、ちょうどゴールデンウィーク明けくらいに高揚感や緊張感が解け、新たな環境に不安を感じ始めるというもの。六月病とは、その時期が六月になったことを指しているのだが、私もこの病に二度かかっている。

はじめは、大学へ入学した時だ。秋田から初めて上京し、野球部でギラギラした目つきの選手と一緒に過ごすうちに息苦しくなった。周知の通り三か月余りで逃げ出し、そのまま大学も中途退学した。東芝府中へ入社した時は、幸いにも難なくスタートを切れたのだが、二度目はロッテオリオンズへ入団した時である。

プロの技術に圧倒されて自信を失ったのでも、練習の厳しさに面食らったのでもない。生来、群れの中で生きていくのが苦手だった私は、すっかり人疲れしてしまった。さすがに逃げ出そうとは思わなかったが、「この世界で生きていくのは無理だろう。二〜三年でクビになるな」と考えていた。

こうした躓きは、私だけが経験したものではない。プロ野球は、二月一日の春季キャンプからシーズンが始まる。約一か月のキャンプ、次の一か月はオープン戦をこなし、現在は三月下旬にペナントレースが開幕する。その滑り出しまでは順調だった新人選手も、ちょうどゴールデンウィークあたりで最初の壁にぶつかる。

この壁を打ち破るために必要なのは、プロ野球という世界、すなわち自分の職場に慣れることだ。新人や新入社員に対しては、周囲の先輩や上司も話しかけたり、仕事の基本をわかりやすく教えてくれたりする。私の場合も、毎日グラウンドに出ていれば、目をかけてくれるコーチや話しかけてくるチームメイトがおり、そういう人たちと触れ合ううちに、自分の居場所が見つかり、安心感が生まれて仕事（野球）に専念できるようになった。人より遅かったかもしれないが、プロ野球という環境に慣れたのだ。

昔から企業が体育会系の人間を積極的に採用すると言われたのは、こうした環境への適応力が高かったからではないだろうか。だが、早く慣れたものの慣れ過ぎてしまい、それで自分らしさを見失った人もたくさん見てきた。ゆえに、新たな環境への適応は、自分がどんな性格であれ、慣れようと努力していれば時間が解決してくれる問題だと考えている。

その新たな環境に適応していく過程で、人間関係を築く手助けとなり、自分の気持ちを程よくリラックスさせてくれるのが酒であり、飲み会ではないか。新たな環境や組織に適応していくには、まず自分を曝け出すのが大切だろう。自分だけが殻に閉じこもり、周囲の人たちのことを知ろうとしても上手くいかないが、自分を曝け出すのは気恥ずかしいという人は少なくないと思う。

だから、酒を飲みながら食事をともにしたり、カラオケを楽しんだりしながら、共通の話題を見つけ、互いに気を許し合って打ち解けようとするのだろう。体質的に酒が飲めなくても、その場にいればいい。どこにでも宴会部長のような人がいて、男女や年齢を問わず、何となく居心地が悪くない空気を作ってくれる。

近頃の若者が酒を飲まなくなったのは、そうした飲み会に呼ばれるのも億劫だからと聞いたことがある。自室でテレビを観たりゲームをしたりと、自分の時間を自由に過ごしていれば、飲み会という空間に身を置くだけで自由を奪われる感覚になるのかもしれない。

自分の人生は自分のものなのだから、自己中心的で構わないし、気の進まないことに時間を費やす必要はない。それでも、これだけは覚えておいてほしい。人生も仕事も、ある程度の位置にまでは自分の努力やセンスだけで到達できる。しかし、もっと充実した人生を過ごしたい、仕事で成果を挙げたいと思うなら、絶対に協力者が必要になる。

プロ野球選手であれ、ビジネスマンであれ、本当に大切な人生の時間は、環境に慣れ、自分の存在が周囲に認知されたところから始まる。

若かった頃の私は、どんなことでも自分一人で考え、頼れるのは自分だけだと思い込んでいた。だが、一人の人間の発想や知恵などたかが知れている。プロ野球という環境にどうにか慣れた時、チームの中を見渡してみれば、監督をはじめ、コーチや先輩たちは、私よりもプロ野球界を長く生きている人ばかりなのだ。

その人たちのやり方を観察し、考え方を聞き、知恵を借りれば、前に進むのがうんと楽になることを実感した。表現は適切でないかもしれないが、自分のためにどれだけ人を利用できるか、人の知恵を借りられるかが、厳しい世界で生き残る術だと知った。その時から、見える世界が一変した。息苦しかった人の群れが、生きた教材の宝庫になったのだから。

飲み会は、他者の知恵を借り新たな着想を得る時間

余談になるが、昭和の時代のプロ野球選手が私服になると、よく金のネックレスやブレスレットなどアクセサリーを身につけていたのを覚えているだろうか。恐らく一般の方々は「何て趣味が悪いんだろう」とか「性格がチャラチャラしているんじゃないか」と、いい印象は抱かなかっただろう。だが、あの金ピカないでたちにも理由があったのだ。

遠征先で試合後に飲みに出かけると、知らない店に入ったり、店で知り合った人とつい盛り上がったりすることもある。そして、帰り際に勘定をすると、持ち合わせが足りないことに気づく。昔はコンビニエンス・ストアで現金を下ろすなどということはできなかったし、馴染みの店でなければツケもきかない。

そんな時、金のアクセサリーを外して店に預けておき、翌日に足りない分を支払い、アクセサ

リーを返してもらう。一軍で活躍する選手は世間に顔も知られているので、こうしたトラブルも穏便に、スマートに乗り切らなければいけない。足りない金額にもよるが、金のアクセサリーなら一〇万円くらいの価値はある。だから、安物ではなく金なのだ。

私たちの時代は、真面目な野球の話だけでなく、そうしたプライベートな時間での振舞い方も、折に触れて先輩が教えてくれた。キャッシュレスの現代では笑い話かもしれないが、自分よりも長く生きている人の経験談や知恵は捨てたものじゃない。

二年連続で私が三冠王を手にした頃、監督だった稲尾和久さんは試合後、自分の店によく私を呼び出した。監督と一選手という立場を超え、同じ試合を戦った者として反省会をしていた。稲尾さんは投手出身だから、特に打者の立場からの意見を求められた。

次第に私も遠慮がなくなり、「あの場面は手堅くバントでもよかったと思います」などと、グラウンドで感じたことを正直に打ち明ける。稲尾さんは自分の采配に信念を持ちつつも、違う意見や見方にも耳を傾けた。一方の私も、稲尾さんの話で監督や投手の考え方を学び、それを自分のプレーに生かすことができた。

このように酒や飲み会は、私にとって協力者の考え方や経験談を聞き、知恵を借りたり、自分で新たな着想を得る時間でもあった。もちろん、同じ時間を過ごして楽しい人ばかりではない。

「俺の酒が飲めないのか」と強要する人、自慢話ばかりする人は私も苦手で、そういう人と知っていれば絶対に席をともにしなかった。

そうして、飲む相手さえ間違えなければ、適度な酒は人生のリズムの一つになるのではないだろうか。

ちなみに、この原稿を執筆する際の打ち合わせでは、長野県産の松茸を芋焼酎と味わった。前章に書いた外国産に比べ、なぜ国産ものは高価なのかが話題になる。「香り松茸、味しめじ」と言われるように、松茸の命は香りである。それは、土が付着することによって維持されるようなのだが、外国産は輸入する際の植物防疫法で付着している土を払い落とす義務があるため、どうしても香りが落ちてしまうそうだ。

産地での採取法など、技術的な面でも日本は優れているということだが、土が香りを助けているとは、また一つ知識が増えた。こうやって、人はずっと新たな知識を得ながら、それをどこかで役立てようと生きていくのだろう。酒は、その潤滑剤でもあるのかな、と思ったりする。

7

息子と孫たちへの食育

和歌山県の落合博満野球記念館での食コミュニケーション

近々、新橋演舞場で新作歌舞伎『風の谷のナウシカ』を鑑賞する予定だ。主人公のナウシカを尾上菊之助、トルメキアの皇女・クシャナを中村七之助が演じるなどキャスティングでも話題になっているが、それ以上に『風の谷のナウシカ』が歌舞伎になることの意外性に関心がある。

スタジオジブリの作品を歌舞伎にするなら、『もののけ姫』などは想像しやすい。鈴木敏夫プロデューサーも、歌舞伎なら『もののけ姫』だろうと考えていたそうだ。それが、『風の谷のナウシカ』とは……。もしかしたら、その意外性も企画意図なのかもしれない。

しかも、漫画原作全七巻の内容を完全上演するため、昼の部・夜の部通しで約九時間に及ぶ大作だという。これは昼食も夕食も現地で摂ることになるのかと覚悟をしながら、〝ジブリ歌舞伎〟をじっくり味わいたいと思う。

さて、その歌舞伎界に話を移すと、尾上菊之助は五代目で、父親は七代目・尾上菊五郎。中村七之助は二代目で、父親は十八代目・中村勘三郎であるように、伝統芸能の世界では世襲制が一般的だ。広く芸能の世界を見てみても、俳優や歌手で活躍している二世は少なくない。

では、スポーツ界はどうか。すぐに思いつくのは角界か。親方の実子が関取になれば、基本的にはその部屋の継承者になる。また、親方の娘と結婚した関取が、親方の養子となって部屋を継ぐケースも珍しくない。けれど、関取としての実績が父親に並んだり、超えたりできるかはわからない。そこは、実力社会である。

私が身を置いている野球界も、父親に憧れて幼少期から野球を始める息子、最近では娘もいるが、親子でプロ入りできた事例はそう多くない。陸上競技や水泳のような個人種目なら、血筋のよさ、親から指導を受けられるという環境を大きなメリットとして成長できる部分もある。球技でも、ゴルフやテニスは英才教育しやすいと言われている。

ところが、野球は集団競技である上に、身体能力に加えてグラブやバットを上手く使いこなす能力も求められる。ただでさえ、素質があっても一流になれるかどうかはわからないゆえ、名選手の実子だからといって大成する保証はない。

また、昔からスポーツ界には、二世選手に対して厳しい視線が向けられる傾向がある。メディアはプレーをしていない時間も追いかけ、父親と比較して「ああだ、こうだ」と書き立てる。それでも、好意的か中立的に取り上げてくれればいいのだが、どちらかと言えば「親父のようにはなれないよ」という見方をする。特に実名は挙げないが、そうした報道や興味本位の視線で、これまでにどれだけの二世選手が潰されてきたか。そんな傾向はメディアだけに限らず、世間の風当たりも強い。政治家にも、同じような部分があるか。

幸いというか、息子の福嗣は本格的に野球には取り組まず、まったく別の分野を生業にしたので、私自身が嫌な思いをさせられたことはほとんどない。ただ、最近はサイクルロードレースにも熱中している福嗣の体つきを見ていると、野球に適したいい筋肉だと感じることがある。

「なぜ、福嗣君に野球をやらせなかったんですか?」

福嗣の大きな体を見た人は、時々そう聞いてくる。振り返ると、福嗣が小学校高学年になるまで私は現役選手だった。高校では野球部に入ったが、すぐに私が中日で監督になってしまったため、福嗣の野球を見てやる時間がなかったのだ。

私も、お世話になった歴代のトレーナーからは筋肉の質のよさを褒められていた。そういう部分は遺伝していたのだと気づかされ、福嗣に野球を続けさせれば面白かったかな、と考えてしまうのは親バカか。

ともあれ、親子の間では体つき、体質から性格、生活習慣まで、様々な要素が遺伝したり、影響を与えたりする。その中でも、食に対する考え方や好みは、かなり濃く受け継がれていくように感じている。本書を執筆するようになってから、妻・信子ともそんな話をした。

今回も、落合の話に割り込ませていただきます。落合の話を聞いて、確かに私も食に関しては母の影響を強く受けていると思いました。明治生まれの父は、地方事務所の蚕糸課に勤務している転勤族でした。材木問屋で育った大正生まれの母は、父の定年が迫ってくると、いわゆるセカンド・ライフの準備を始めました。

母が目をつけたのは、現在のＪＲ飯田線の桜町駅前にあった蕎麦や定食を出す店。初老の女性が独りで切り盛りしていて、「そろそろやめたいんだ」という話をしていたそうです。母は預金通帳を担保にして、この店を居抜きで買い取ったのです。

父は詩吟の岳心流師範でもあり、定年後は近隣の公民館などで教室を開いていました。ですが、それはあくまで趣味の領域というか、生活の糧になるわけではありません。母が早くから準備して開いた食事処はなかなか流行っていましたので、私や弟たちはそのおかげで不自由なく生活することができました。そんな母の生き方は、強く印象に残りました。

時折、店の手伝いをしながら、私は母の食に対する考え方を教わります。

「口から入った物で体はできている」

よくそう言っていた母は、体にいい物、必要な物を摂ること、食べる順序が特に大事だと教えてくれました。これが、出会ってからの落合の食生活を、私が徹底して改善していくことにつながります。

そんな母の考え方を受け継いだ私も、落合博満野球記念館の建設に行き着きます。私たち家族が初めて和歌山県太地町《たいじちょう》を訪れたのは、福嗣がまだよちよち歩きの頃でした。ペナントレースを終えた落合が、中日の主力選手数名とオーバーホールで太地町の施設を使うことになり、私と福嗣も同行したのです。その際、捕鯨の町として知られていた太地町の美しさを、私がすっかり気に入ってしまいました。

「ここに家を建てておけば、落合が現役の間は自主トレに使い、引退後は別荘になる。そして、福嗣に残してやることもできる」

母が、転ばぬ先の杖で駅前の飲食店を買い取ったのと同じ発想でした。そうして、当時の太地町長にお目にかかると、「鯨の町というキャッチフレーズだけでは観光客を呼べない。落合さんが何か力を貸してくれるのなら」と言われ、私の中でピンと閃きが走りました。

「落合がいただいたトロフィーや記念品は、数が多過ぎて置き場に困っている。それを展示するスペースを作れば、ファンの方々にも観ていただくことができるのでは」

そこから、記念館に適した土地探しなどがトントン拍子で進みました。特定景観形成地域ですから、個人宅は建てられない場所でも、公共性のある記念館ならば許可が出る。

結局、公衆電話、消火栓、大型バスが転回できる駐車場などを完備すること、屋根の色を緑や茶系など自然に溶け込む色にすることを条件に、熊野灘が一望できる素晴らしい場所に記念館を建設する許可をいただき、一九九三年一二月に開館することができました。

せっかく自然が豊かな場所で過ごす機会を得たのです。私は敷地内に畑を作り、記念館に滞在している間は福嗣とともに種を蒔き、野菜を育てたりしました。ほうれん草を収穫した時には、茹でてお浸しを作ってみる。これは親子のコミュニケーションを深めるだけでなく、福嗣の情緒を豊かに育んでくれました。

自分で蒔いた種が育つ、収穫したほうれん草を茹で、さらにお浸しにして食卓に出す。それを家族全員で味わい、「美味しいね」と笑顔になるという一連の動作すべてに、子供は自分が関わった達成感を得ます。このことが大切だと考えています。そして、福嗣は食に関しては私の影響を強く受けてきたと思います。

カレールウをつまみに酒を飲む

では、妻と私の食に対する考え方はどう違うのか。カレーライスを例にしてみよう。「カレーライス」を広辞苑で引くと、「肉・野菜などをカレーの風味をつけて煮込み、飯の上にかけた料理。インドの料理であるカレーが、日本独自の料理として定着したもの」とある。

これをカレーライスの基本形としても、世の中には数多の種類のカレーライスが存在する。カレーと言えば牛肉か豚肉か鶏肉か、あるいは海老や烏賊《いか》など海鮮か。ジャガイモは入れるかどうか。辛口か甘口か。最近では、自分の好みにカスタマイズできるカレー店も流行っているだろう。

私は、カレールウをつまみに酒を飲むほどカレーが好きだ。少年時代に誕生日など祝い事がある時は、大概カレーライスが食卓に出されたため、私の中でカレーライスは最高のご馳走でもある。ただ、どんなカレーライスでなければいけないという定義はない。いくらじっくり煮込んでも構わないが、具の形はしっかり残っていてほしいと思うくらいだ。

だから、フラッと立ち寄った店でカレーライスを注文し、それまでに味わったことのないカレーライスが出てきたとしても、それを美味いか不味いかという物差しでは考えない。あくまで、「この店のカレーライスはこういう味なのか」と思うだけである。

そんな私に対して、妻や福嗣には、カレーライスだけでなく、恐らく味わったことのあるすべての料理に明確な定義がある。カレーライスで言えば、どんな香辛料を使っているかに始まり、具の種類や煮込み方、白米か雑穀米かという飯の種類まで、あらゆる部分に自分なりの考え方を持っている。

三人でどこかのカレーライスを味わったとしよう。私は黙々と食べているが、妻は「このルウは何時間くらい煮込んでいる。豚肉はこれくらいにカットしたほうがいい。全体的にもう少し辛さがあっても美味しいのではないか」などと自分の考え方を述べ、福嗣も同意したり、自身の意見を話したりする。

そして、私が「あの店のカレーライスはよかったな」と言えば、妻はそれとほぼ同じものを手際よく作ってくれる。探求心が旺盛で、初めて訪れた土地で珍味のような食材を紹介されると、積極的に味わってみるタイプ。だからこそ、私は妻と出会ってから、食事に関してはすべて任せ、文句など一度も言ったことはない。

そもそも、私はどちらかと言えば面倒くさがりの出不精で、外食もあまり好きではない。妻が外出していて、家に私一人でいるような時は、腹が減ったら冷蔵庫の中をざっと見て、つまみになりそうな食材を出して酒を飲む。近所で外食することも、出前を取ることも滅多にない。

プロ野球選手は遠征が多く、それを取材している記者も頻繁に出張する。現在はセ・パ交流戦もあるから、国内の主要な土地には行きつけの店がある人が多いという。実際、「落合さんは福岡ならどこへ行きますか?」と聞かれることもある。何年も前から知っている店がないわけではないが、だからと言って、その土地を訪れたら必ず顔を出すこともない。

中日でゼネラルマネージャーを務め、選手の視察で札幌の球場にいた時のことだ。私は試合の合い間に球場内の食堂で昼食を摂っていた。すると、顔見知りの記者が「毎日あの食堂ですか」と驚いたような顔をする。

聞けば、その記者はよほど時間がない時以外はレンタカーを運転し、近隣の店で札幌ラーメンや海鮮丼などを食べているという。理由を尋ねると、記者はこう言った。

「せっかく札幌まで来たのに、食堂には蕎麦やカレーライスしかないじゃないですか」

私にしてみれば、「蕎麦やカレーライスがあれば十分だろう」ということ。「その土地の名物を愉しみに来ているのではなく、選手を探しに来ているのだ」と固いことを言うつもりはないが、食べることも出張の楽しみという感覚は私にはない。

自分たちが育った時代の感性を大事に孫も教育する

食に関する考え方や感性は、生まれ育った環境や家族構成と深い関わりがあると思っています。落合は秋田、私は長野と、二人とも田舎育ちです。

「木から落ちてしまい、売り物にならないリンゴがおやつ代わりだった」

そんな私の幼少期の思い出に、落合もうんうんと頷きます。落合は七人、私は五人ときょうだいも多いのですが、落合は末っ子だったことが食の習慣にも影響していると思います。

どんなに厳しい親でも、子供が増えてくるとなかなか目が行き届かない。以前もお話ししたように、出会った頃の落合はきちんと躾けられているという印象でした。けれど、ご飯にジュースの素をかけて食べてしまったり、好き嫌いが多かったのは、ご両親の目が行き届かない末っ子ならではという感じがするのです。

私は姉が二人、弟も二人の真ん中ですが、店を手伝っていたことで母の影響を強く受けました。それが、食に対しても繊細な感覚を持つきっかけになっているのでしょう。そして、福嗣はひとりっ子で、落合は家を空けることが多かったので、必然的に私の影響を強く受けています。

また、家族三人でどこかに出かけたりという経験も少ないので、いまどきでは珍しく福嗣にはファストフードを食べるという習慣がありません。中学の修学旅行で京都へ行った際、湯豆腐を食べたくなったというのも、我が家で育ったからこそでしょう。

若い頃、落合は「毎日カレーを作っておいてくれればいいよ」と言ったことがあります。旦那さんのために、腕によりをかけて美味しい料理を作ろうとしている奥さんが聞いたら、がっかりしてしまうような言葉です。けれど、落合のそうした受け身の姿勢は、野球という仕事の場面では大きくプラスに働いたと感じています。

現役時代ならば、大きなプレッシャーがかかりそうな試合でも「なるようにしかならない」と動じませんし、ピッチャーがこんなボールを投げてくるならこうやって打つと、冷静かつ柔軟に対応できたでしょう。監督としても、「やるのは選手だ。監督は勝ち負けの責任を取ればいい」と大きく構え、選手から裏方さんまで、一人ひとりが自分で考えて動けるチームを作ったと思います。

妻は私とは反対に、どんな物事に関しても自分から動く。記念館の建設もそうだったし、どこかに美味いものがあると聞けば、自分の目で確かめに出掛ける。電子メールやデジタルカメラなど機械物も、福嗣に聞いてすぐに使いこなせるようになっている。

静の私に対して妻は動だから、上手くバランスが取れているのかと感じることもある。だが、共通点がないわけではない。特に、自分たちが育った時代の感性を大切にするという点では、考え方や意見が一致する。福嗣にしても、福嗣の三人の子供、すなわち私たちの孫にしても、昔ながらの関わり方、育て方をしていると思う。

昔は簡単に物を捨てなかった。衣類は、基本的に兄弟の中ではお下がり。かなり着古されれば、雑巾などとして再利用した。魚を塩焼きにすれば、食べ終わった後の骨に白湯をかける。骨の周りの身がふやけてほぐれ、うっすら塩味の魚汁になる。何度か書いているが、私の少年時代は生きるために食べるという感覚だ。それが、高度経済成長を経て日本は世界屈指の豊かな国になり、食べることに困るという感覚は人々の中から薄れていく。

最近では、衣食住は生きるための基本からファッションのようになり、〝食べる＝生きる〟ではなく、〝食べる＝楽しむ〟という感じがする。そうやって食に対する感覚が変化していくのは時代の流れなのだろうが、だからと言って〝食べる＝生きる〟が消えるわけではない。

だからこそ、孫の上二人は女の子だが、食べ過ぎたら太るということに神経質にならず、まずは腹いっぱい食べることを教える。箸の正しい持ち方、基本的なテーブルマナーも折に触れて伝えながら、しっかりと食事をするという習慣を身につけさせたい。

日本の食文化には、夕食こそ家族や仲間で食卓を囲み、ある程度の時間をかける習慣がある。しかし、朝食と昼食に関しては、仕事や学業の合い間に〝掻き込む〟というイメージが定着している。企業や学校の昼休みは一時間未満だろう。

スペインのシエスタのように、三時間ほどの昼休憩を取る国もあれば、昼食も職場から帰宅して摂るという国もあると聞いた。食事を掻き込むほどの勤勉さで、日本という国が発展してきたのは事実だ。そして、小学校に入学すれば、そのサイクルの中に組み込まれる。それがわかっているから、未就学の子供たちには、食べることの基本を教えておかなければならないと思う。

近頃は、ファストフード、ファストファッションと、手軽さ、気軽さが持てはやされている。安くてそれなりの格好がつくのは悪いことではないと思う。ただ、それで本物のよさを理解できなくなってしまうことが心配だ。

頻繁に使われる「食育」とは、石塚左玄《さげん》という明治時代の医師が、今から一〇〇年以上前に自著に書いた言葉だという。様々な経験を通して食に関する知識と食を選択する力を習得し、健全な食生活を実践できる人を育てること。単なる料理教育に止まらず、食に対する心構えや栄養学、伝統的な食文化について総合的に教育することと言われている。そんなことを頭に置いて、孫たちの成長を見守りたい。

この章は、話がやや難しくなってしまったか。ならば、そんなテーマで書くと打ち合わせをした際の食事を結びにしよう。秋の味覚を色々と愉しんだが、二つの希少品について書いておく。一つは、北海道の太平洋沿岸の一部でしか獲れないししゃもである。

生なので天ぷらにもできる（一般的に出回っている干物は天ぷらにはできない）ということで、炭火焼きと二本味わう。私がいただいた一〇月半ばが獲れ始めで、まだ子持ちではない分、身の美味さが際立っていた。子を持つと、どうしても身の味は落ちるのだ。漁期も一一月いっぱいと短いが、今年は子持ちも味わえるだろうか。

もう一つは安納いもだ。薩摩芋の品種の一つで、日本国内の生産量の約四割を占めるトップ生産地・鹿児島県のブランドである。しかも、種子島で生産されている里芋くらいの小ぶりなものをいただく。いわゆる焼き芋だが、上品な甘味が印象に残り、小ぶりだから腹も膨れない。

カレーライスと並んで好物のとうもろこしは、収穫期が終わっていた。そうだ。自分が口に入れる物の収穫期を覚えながら、四季の感覚を養うことも食育のうち。今度は、孫たちとそんな話もしてみよう。

8

人と器

監督が選手をふさわしい器に入れるタイミング

野球界に限らず、昨今のスポーツ界とメディアの関係を見ていると、スターを作りたがる傾向が強いと感じる。そもそもスポーツ界のスターとは何か。試合で実力を存分に発揮し、それを継続することで、その競技の第一人者と認められた選手のことだ。

ゆえに、プロ野球界のスターは、投手にしろ野手にしろ、圧倒的な成績を収めていくつもタイトルを獲得し、野球ファンならずとも顔と名前を知っている選手、一挙手一投足がニュースになる選手を指す。

私に言わせれば、プロ野球界でスターの中のスター、すなわちスーパースターは長嶋茂雄さん、王貞治さんの二人だけ。高度経済成長下にあった時代が求めたと見ることもできる存在だった。長嶋さんが現役を引退した時、私はプロ野球が終わるのではないかと思ったくらいだ。

そんな圧倒的なスターがいなくなると、メディアは新聞や雑誌の売り上げに貢献し、テレビの視聴率を上げてくれそうな存在を求める。そうして、若きスター、九州のスター、夏のスターなど、安易にスターという表現を使い出す。

ポッと出てきたばかりなのに、スター扱いされた若手も不幸だ。まだ大きな期待に応えられる実力を備えていないから、プレーが安定しなくなり、次第に本来の輝きさえ失ってしまうことがある。そうなると、メディアや世間はその選手に見向きもしなくなり、次のスターを探す。そして、「彼はスターの器ではなかった」と、勝手に烙印を押す。

スターの器、リーダーの器、社長の器……。器には、容器や食器のほかに、人の能力や人格の大きさという意味もある。今回は、その器をテーマに話を進めていきたい。

何度か書いているように、一九七九年にロッテオリオンズへ入団した私は、二年間は一軍とファームを行ったり来たりしていた。三年目は、何としても一軍に定着しようと臨み、前年にレギュラーが移籍したために空いていたセカンドのポジションを狙った。春季キャンプで内野手に故障者が続出したこともあり、四月四日の西武ライオンズとの開幕戦には、七番セカンドでスターティング・メンバーに抜擢される。

その開幕戦で三安打を放ったが、翌日から二試合は無安打で、開幕三連戦は一一打数三安打。続く阪急ブレーブス(現オリックス・バファローズ)戦も第一戦で二安打を放ったものの、第二、第三戦は無安打に終わる。そして、南海ホークス(現福岡ソフトバンクホークス)との第一戦が四打数一安打に終わると、翌日はスタメンから外されてしまう。

　幸い、スタメン落ちは一試合だけで、次第に結果も残せるようになる。四月は二一試合で打率三割六分一厘をマークし、その後も出場を続けることができた。チームも前期優勝を果たし、七月三日に開幕した後期では打順も六番に上がる(一九七三年から八二年まで、パ・リーグは前・後期の二シーズン制だった)。

　この試合で二安打した私は、五番や三番を任されるようになり、オールスターゲームにも監督推薦で初出場することが決まった。その直前の近鉄バファローズとの三連戦では、第一戦に三安打すると、七月二二日の対戦では初めて四番に座った。

　そうして迎えたオールスターゲームには、まさにプロ野球界を代表する選手が集まる。私はベンチのどこに座ればいいのかさえわからず、六番セカンドでスタメン出場すると、一打席目は緊張のあまり金縛りにあったように体が動かなくなってしまった。

　何とか三打席目に二塁打を放ち、ホッとして臨んだ第二戦、パ・リーグを率いる近鉄の西本幸雄監督は、スタメン表の四番の欄に『落合』と書いたのだ。四番に予定していた南海の門田博光さんが足に故障を抱えており、この日は人工芝の横浜スタジアムだったので、足の負担を考慮して代役の四番を考えていたという。

確かに、オールスターゲーム直前の近鉄戦で私は打ちまくり、西本監督の前で四番にも座った。だが、その四番はあくまで〝四番目の打者〟であり、まだ本物ではない。弱小だった阪急と近鉄を計八度リーグ優勝に導いた名将だからこそ、ポッと出の私をなぜ四番に据えたのかは謎でしかなかった。

その試合、私は三振、ショートゴロ併殺打、ライトフライと四番らしい仕事はできず、途中交代した上にサヨナラ負けと散々だった。それでも、当時は滅多にテレビ中継のないチームの若手が、全国中継のオールスターゲームでパ・リーグの四番を打ったのである。私が世に出た試合と言っても過言ではないだろう。

この頃の私にはまさに勢いがあった。オールスターゲーム明けの阪急戦も、四番を任される。相手投手は故郷・秋田の先輩であり、それまでほとんど打てなかった山田久志さんだ。一打席目、山田さんの勝負球・シンカーを叩くと、打球は力なく山田さんの足元に転がる。

だが、当たり損ねだったためにタイミングを外された山田さんは、そのゴロを捕れず、足に当たってショートの方向に転々とする。一塁ベースに立った私がスコアボードに目をやると、ヒットを示すHのランプが点く。相性とは面白いもので、この試合はあれよあれよと山田さんから三安打を連ね、私は打率争いのトップに躍り出る。果たしてその年、首位打者のタイトルを初めて手にすることができた。

シーズンの終盤は、心身の疲労がピークに達していたと思う。だが、首位打者を争っていたのが日本ハムファイターズの島田誠、西武の新人・石毛宏典《ひろみち》と、いずれも私より若く、タイトルを争うのが初めての選手だった。

ロッテのエース・村田兆治さんが「島田と石毛にだけは絶対に打たせるな」と投手陣に発破をかけるなど、周囲のサポートも心強かった。それでも、阪急の加藤英司《ひでじ》さんや門田さんらタイトル経験者との争いだったら、恐らく私は負けていただろう。同世代のタイトル未経験者による競争だったのは、本当に運がよかったとしか言いようがない。

ともあれ、私は首位打者のタイトルを獲得したことで、レギュラーの地位をつかみ、翌年の三冠王につながる技術や自信も得ることができた。その大きなきっかけが何かと振り返れば、西本監督がオールスターゲームという大舞台で、私を四番に据えたことにほかならない。

四番打者とエースというのは、野球選手にとって最も大きな器だ。誰もが認める実績を残し、その器に相応しく成長していく選手もいれば、指導者がその器に入れるタイミングを見極め、器に育てられて大成する選手もいる。どちらかと言えば、私は後者になるのだろう。西本監督が私を四番に抜擢した理由はわからなかったが、深く感謝している。

ちなみに、このエピソードに興味を持った記者が、私が現役を引退したあと、西本さんに四番抜擢の理由を聞きに行った。西本さんは、こう言ったという。

「オールスターゲームのメンバーを選んだ時から決めていたんだ。将来の野球界を背負って立つ男だと感じたからね。二〇年も監督をやれば、それくらいの眼力はありますよ。でも、このことを落合に伝える必要はないからね」

野球人・落合博満のプロデューサーとして、器に時間も費用もかける

ひと山幾らのような選手だった落合は、四番という器に育てられながら、トントンと軽快にプロ野球界の階段をトップまで駆け上がりました。以前にも書かせていただきましたが、私も「ホームランをたくさん打つ選手はポッチャリした体形じゃない。あなたももっと太れば、ホームランをたくさん打てるんじゃない?」などと言いながら、食事をはじめとした生活面をサポートします。

落合ががっしりした体格になると、ある解説者の方が「あんなに肉が付いたら、腰のキレ

が悪くなってしまう」と断言しました。落合にもっと打ってもらいたいと必死だった私は、その解説者の方に「外国人選手のような体にしなければ、打球は遠くへは飛ばないでしょう」と言い返してしまったのです。

今になって振り返れば、野球の素人が何と失礼なことを申し上げたのだろうと恥ずかしくなりますが、私もそれくらい本気だったのです。そんなことがありながら、落合がロッテで三冠王を三度も獲得し、中日でも三冠王を獲ろうとしていたのは、時代が昭和から平成に移り変わる頃でした。

落合は常にファンの皆さんやメディアの関心を集めており、シーズンオフになると自宅の周りには常に新聞記者さんたちが取材に来ていました。まだインターネットはなく、携帯電話も持っている人が限られていた時代です。落合の発するひと言は、大きなニュースになっていました。

黒塗りのハイヤーが何台も待機し、記者さんたちが我が家の動きをじっと見ている。そんなことが毎日続くと、ご近所の迷惑になってしまうと思った私は、時折、記者さんに声をかけ、我が家のリビングでお茶を飲みながら話をすることにしました。

落合は、あることならまだしも、ないこと、いわゆる〝飛ばし〟記事を掲載した新聞社の記者さんには「おまえの会社は信用できない」と言って、家に上げようとしませんでした。ですが、私は「あなたもお入りなさい」と一緒にお茶をしながら、なぜそういう心ない記事が載ってしまうのかを尋ねました。

「私はそんな記事を書いていないのに、デスクが面白おかしく直してしまうんです」

そんなふうに涙ながらに明かしてくれる記者さんもいて、次第に記者さんたちとは、人と人のお付き合いができるようになりました。そうして、お茶会は年末年始には忘年会や新年会になっていったのです。

記者さんやカメラマンで手分けをして、ある人には築地に買い出しに行ってもらいます。中には私と一緒に台所に立ち、手際よく魚を捌ける人、上品なお味のお吸い物を作ってくれる人もいて、その宴会は大いに盛り上がりました。

そうやって手料理を振舞っていたことが、メディアの方々の間でも話題になったのでしょうか。私の手料理を紹介したいとか、落合家の夕食の準備に密着させてほしいと、買い出しから下ごしらえまで取材するテレビ番組が企画されたのです。

テレビ番組で私の手料理を紹介するとなれば、少しでも美味しそうに映していただき、ご覧になった主婦の方々の参考になってくれたらと考えた私は、料理だけでなく、食器にもこだわりました。

もともと絵画や陶磁器など、美術品を鑑賞したり、時には自分自身で描いたり、作ったりすることが私は好きでした。

この頃も、シーズンオフには落合を応援してくださる方からお食事に誘われることがありました。懐石料理が多かったのですが、料理だけでなく、その料理を引き立てる器の美しさにも目を奪われます。もっとも、立派な器にチョコッと食材が載っている懐石料理では落合は物足らず、私の耳元で「家に帰ったらラーメンを作ってくれよ」と言っていましたが……。

料理と食器のバランスも大切だと考えていた私は、テレビ番組から声をかけていただく度に、その番組で紹介する料理に合った食器も探すようになったのです。ちょうど友人が瀬戸物店を営んでいましたので、その友人と相談しながら料理を引き立ててくれる食器を用意していました。

番組ごとに新しい食器を用意するには、費用も時間もかかります。けれど、野球人・落合博満のプロデューサーとして、私は必要なことだと考えていました。落合は、中日に移籍した一九八七年に日本人選手として初めて年俸一億円を超えました。ただ、当時はまだ「野球しかできないヤツが一億円も貰うなんて」と思われていたのです。

歌手がレコード（CD）をたくさん売り上げても、映画俳優がどんなに高額な出演料でも、世間は憧れの眼差しを向けることはあっても、稼ぎ過ぎだという声は一切出ません。それなのに、なぜプロ野球選手の年俸が一億円だと高いと思われるのか。

落合は、日本の野球がさらに発展するためには、プロスポーツ選手という職業のステイタスを向上させなければならないと考えていました。そこで、目立つ成績を残すことだけに集中し、どんな中傷にも耳を貸さず、二億円、三億円と年俸の上限を引き上げようとしていたのです。

もちろん、目立つ成績を残すための準備として、体の手入れや食事には最優先で投資します。そんな落合の家を預かる私としては、着る物にしても、食べる物にしても、落合がプロ野球界のトップに相応しく見ていただけるよう、周囲の知恵や力も借りながら落合をプロデュースしていました。

高級な食器を普段使いする効用

誰に何を言われようと、我が家のことを妻・信子に一切任せていたのは、プロ選手になってもカップラーメンをすすりながらプレーしていた頃の私を知っているからだ。

そのおかげで世間に注目される選手になったが、信子の手料理もいい食器で出されると、いっそう美味いと感じることを知った。それに、食器や陶磁器も外国製と比較すれば、日本で作られた物のほうが欠けたり、割れたりしにくい。その理由が、使用する粘土の質や窯で焼く際の技術なのだと聞き、メイド・イン・ジャパンの素晴らしさも実感した。

窯元まで足を運んだことも何度かある。三冠王を獲得した時には、普段からお世話になっている方々への御礼として、黄瀬戸焼の抹茶碗や皿に私のサインを入れて焼いてもらった。別の機会には、藤原和《かず》さんという陶芸家も訪ねた。祖父の藤原啓《けい》さん、父の藤原雄《ゆう》さんとも備前焼の人間国宝。藤原備前三代として知られ、全国で個展が開かれている人だ。

落合博満野球記念館が完成した時には、九州で陶磁器を扱っている知人から大きな皿を贈られた。その皿を焼けるほど大きな窯はないという点で希少価値のある物ということだった。

また、その皿の絵は藍色だけで描かれていたが、何色か入った物より高価なのだと教えられた。確かに、よく見ると藍色の部分が彫り物のように浮き上がっており、こうした芸術品の奥深さを感じさせられた。その知人は、通算五〇〇本塁打を達成した時にも立派な陶製のカップを贈ってくれた。

こうして、信子の手料理を味わっているだけの私も、陶磁器の専門家と出会うことで、多少なりとも器に関する知識を得ることができた。料理と器は、互いが引き立て合う関係にあるもの。家庭でも精魂込めて作った料理は、それに見合う器に入れてやるのがいい。

だが、若い世代の家庭では、高級な食器や陶磁器をあまり使わなくなっているようだ。実際、我が家も愛用している世界でも代表的な陶磁器メーカーも、他の製品を製造するグループ会社に注力しており、陶磁器の売り上げは全体の一割ほどだという。

高級な食器や陶磁器は、美術品の一種として扱う人もいる。デンマークの陶磁器メーカー・ロイヤル コペンハーゲンが西暦年を焼き込んだ「イヤープレート」は贈答品としても人気があり、家族の生まれ年のイヤープレートを揃えて飾っている家庭も少なくない。

そうした中で、物を大切にする日本人には、「高級品を普段使いしたらもったいない」という感覚が生まれたと思う。若い世代の人たちには、食器は欠けたり、割れたりする物なのだから、すぐに買い直せるように安価な物を使えばいい、という経済的な考え方もあるのだろう。そのニーズに応えるように、安価な食器がたくさん出回っている。ただ、高級な食器はきちんと使えば割れにくい、ということも覚えておきたい。

主婦の立場から言えば、普段から高級な食器を使うには勇気が必要ですよね。私もテレビ収録が始まった頃はセットで食器を揃えていたので、お皿が一枚割れると、そのセットが使えなくなってしまうと思っていました。

落合は「人の命が永遠ではないように、形のある物はいつか壊れる」と、どんなに高価な食器を壊してしまっても怒りません。そして、セットの何かが壊れてしまっても、使い続ければいいと考えています。

確かにそうかもしれません。我が家で収録したテレビ番組を観ていると、セットで揃っている食器もきれいですが、デザインの異なるお皿が何枚か並んでいても、それはそれで楽しい感じがします。それからは、セットにこだわるよりも、料理の色合いなどに合わせて食器を選ぶようになりました。

それに、日本には金継《きんつ》ぎという文化もあります。陶磁器が欠けたり、割れたりしても、その破損部分を漆によって接着する修復法です。その修復部分を金粉などで装飾することから金継ぎと呼ばれているようですが、物を大切にする日本人のよき文化のひとつでしょう。最近では、一般の人でもできる金継ぎセットが販売されていたり、金継ぎ教室もあるそうなので、和食器などは少し高価な物でも思い切って使ってみるといいのではないでしょうか。いい物と出合い、それを使うことにより、人は色々と勉強するものですから。

器を熟知した人の導き

人と器に話題を戻そう。私がロッテに入団してから首位打者を手にするまでの三年間、監督は山内一弘さんだった。入団直後から熱心に打撃指導をしてくれたが、その内容を理解できなかった私は「ほうっておいてください」と言ってしまった。

それでも見放すことなく、シーズンオフになると自分のサイン会に「オチ行くぞ」と私も連れていってくれた。そして、三年目の開幕からスタメン出場し、首位打者争いに加わると、私がタイトルを獲れるように様々な配慮をしてくれた。世に出してくれたのが西本さんなら、私に初めて四番を打たせてくれたのは山内さんだ。

そのように、絶妙のタイミングで私に四番という器を与えられたのは、山内さん自身が長く四番に座り、首位打者一回、本塁打王二回、打点王四回をはじめ、いくつものタイトルを手にしたことで、四番という器の価値を細部まで理解している指導者だったからだ。

さらに、二年連続で三冠王を獲得した一九八五、八六年の監督は稲尾和久さんだ。現在でも日本タイ記録のシーズン四二勝という途轍もない記録を持ち、長く西鉄ライオンズ(現埼玉西武ライオンズ)のエースを務めた。

以前にも書いたが、試合後に稲尾さんは自分の店に私を呼び出し、監督と選手という立場を超えて野球の話をした。それが、どれほど私の感性を豊かにしてくれたか計り知れない。

野球では四番打者やエース、一般社会では会長や社長という器がどんなものなのかは、その器を経験した人にしかわからない部分がある。高校、大学で目立つ実績を残したわけではない私が、プロ野球という世界で大成できたのは、四番打者、エースという器を熟知した人の導きがあったことも大きかった。

器は人を育て、たゆまぬ努力がその人の器を大きくする。人と器の関係は、互いを引き立て合う食と器の関係と似ている部分も少なくないだろう。

そんなことを考えていると、虎河豚《とらふぐ》の季節がやって来た。打ち合わせをしながらの食事では、早速、唐揚げを味わった。河豚のあらには、その形状から「カエル」や「ウグイス」と呼ばれる部位があり、これが実に美味い。もちろん、カエルやウグイスを載せた茶色い皿も、重厚感のある美しい物だった。

9

酒飲みの甘党

『渡辺のジュースの素』が、甘党の起源？

この章の原稿内容の打ち合わせをしながらいただいた夕食では、恒例の河豚の唐揚げ、カワハギのお造りなどのほかに筍を山葵醬油で愉しんだ。筍の旬は春から初夏あたりと思っていたが、孟宗竹《もうそうちく》の名産地・京都では二月中旬から出始め、日本の生産量の六割超を占める九州地方では、早掘り筍と呼ばれるものが一二月中旬から出荷されるという。

その筍は大変美味かったのだが、人が美味さを感じる要素はいくつかあるだろう。たとえば、河豚の唐揚げの美味さは、「今回も河豚の唐揚げを食べられるだろう。食べたいな」という期待感が満たされた美味さだ。一方、筍のそれは「えっ、もう筍が食べられるの」という驚きがもたらす美味さ。出合えるはずがない物と出合えた感激による美味さだと思う。

河豚にしろ筍にしろ、私は食材自身が持つ独特の甘味に美味さを感じることが多い。それは、私が若い頃から大の甘党だからなのか。そんなふうに考えを巡らせたので、この章では「甘味」について書くことにする。

少し話は遠回りするが、プロ野球選手にとって、試合前に何を口に入れるかは意外と難しい。試合前に食べる物は、腹にたまると動きが悪くなるし、かと言って軽過ぎても力が出せないからである。

若い世代では、試合前はうどんなどの麺類、試合中にもバナナやチョコレートといったエネルギーになりやすい食品を摂る選手が多く、最近では栄養補助食品の種類も増えているようだ。私がロッテオリオンズへ入団し、ファームにいた頃は、高木公男さんという二軍監督の方針で、試合中はベンチ裏に常温の麦茶と梅干が用意されていた。

一軍の試合前にはうどんを食べることもあったが、どうもしっくりこない。そこで、妻・信子の助言で大福を食べてみると、食べやすく、腹持ちもよく、試合の途中で空腹になり過ぎることもなかった。それから長い間、私は大福二個を口に入れてから試合に臨んでいた。

落合が甘党だと知り、私は驚きました。男性が甘党になる一番の理由は、お酒が飲めないか、飲まないから。大酒飲みの甘党は、落合が初めてだったのです。落合が我が家を訪ねてくる時は、お酒も甘味も用意しなければならないのかと、少し憂鬱になったのを覚えています。

聞けば、落合が生まれ育った地域では、お酒も甘味もいける人ばかりだというのです。親の晩酌に付き合ったり、お客さんがいらした時に勧められたりと、男の子は小学生の頃からお酒に親しんでいたといいます。それに、落合の実家は和菓子店を営んでいましたから、お酒も甘味も、となったのかと思いました。

私の祖父は、店の商品に家族には一切手をつけさせなかった。餡を包む生地を焼いたり、蒸したりする際に、試した物がおやつ代わりになった。それがない時は、じゃがいもやとうもろこしなど畑で穫れた物だ。子供の私が餡をこしらえた鍋から残りの餡を取ろうとしても、へらですべて掬《すく》われていて何も残っていない。だから、おやつにお菓子や甘味を食べるということはほとんどなかった。

また、近所の人が昼間にちょっとした用事で訪ねてきたら、お茶にお菓子ではなく日本酒と漬物を出していた。女性の場合は日本酒ではなく、お茶だったと思うが、それでもお菓子までは出さない。私たちが幼かった頃は、お茶とお菓子を出す家庭は少なかったのではないか。それほど、砂糖は貴重な時代だったと思う。砂糖や小豆が思うように入ってこないことがあると、祖父が言っていた記憶がある。

では、私が甘党になったのはなぜか。祖父が営む和菓子店では、現在のコンビニエンス・ストアのように、和菓子以外の食品や雑貨も扱っていた。また、酒と塩の販売権も持っていたから、夕方くらいになると立ち飲み屋のようになり、何人かの客が酒を飲んでいた。その店で売っていた『渡辺のジュースの素』が私は好きだった。

若い世代のために説明すると、大正時代に設立された渡辺製菓という中堅の菓子メーカーが、一九五八年に発売したのが『渡辺のジュースの素』だ。袋に入った粉末を水に溶かすと、清涼飲料水になる。砂糖に比べて安価だったチクロやサッカリンといった人工甘味料の使用で製造コストが抑えられ、低価格だったために全国で大ヒットした。

エノケンの愛称で親しまれた日本の喜劇王、榎本健一が「渡辺のジュースの素です。もう一杯」と歌うテレビCMソングも流行っており、オレンヂ(当時はこう書かれていた)やパイン味があったはずだ。粉末ジュースは水によく溶けて、本当に美味かった。

ところが、アメリカ食品医薬品局による調査をきっかけに、人工甘味料の人体への悪影響が大きな問題となり、一九六九年に日本国内でもチクロの食品添加物としての使用が禁止されてしまう。その後、渡辺製菓は経営不振となり、一九七三年には鐘紡株式会社(現クラシエホールディングス)と合併した。

以前にも書いたが、私はこのジュースの素をふりかけのように白飯にかけて食べていた。これは言葉で表現できないくらいの美味さなのだが、炭水化物(糖質)に人工甘味料をかけているのだ。甘党になるのも無理はないだろう。

子供の頃の甘味の思い出には、ほかにも紙芝居の水飴、甘納豆くじがある。昔は自転車に乗ったおじさんが、決まった曜日の決まった時間にどこからかやって来て、紙芝居を見せてくれた。子供たちは、そのおじさんから棒状の飴か割り箸に巻きつけた水飴を買い、水飴を買った子供は紙芝居を見ながら割り箸を上手く使って水飴で鳥の形を作ったりする。

甘納豆くじというのは、五円か一〇円でくじを引き、「スカ」と書かれた外れくじが出たら小粒の甘納豆が入った袋をもらう。特等から四等くらいまでの当たりを引くと、甘納豆の入った袋は大きくなり、おもちゃもついている。

だいたい七〇~八〇くらいのくじが台紙についており、特等は二つあった。子供たちは特等を当てたいのだが、必ず特等のうち一つは店の大人がくじの中から外してしまう。はじめのうちに特等が二つとも出てしまったら、残りのくじは売れなくなってしまうからだ。くじの残りが少なくなったところで外しておいた特等を戻すから、頭のいい子供はくじが終盤になると引きに行く。そんな店の大人と特等を当てたい子供の知恵比べも面白かった。

ちなみに、私は納豆にも砂糖を入れていた。信子の実家で夕食に納豆を出された時、お義母さんに「砂糖をください」と言ったら、「納豆に砂糖を入れるの！」と驚かれた。私は納豆に醬油を入れることが驚きで、地域による食の習慣は大きく違うものなのだと感じた。

あとになって知ったのだが、納豆に砂糖を入れるのは地域の習慣ではなく、我が家の、いや、祖父の好みだったようだ。甘党は、そんな祖父の遺伝子なのかもしれない。ただ、砂糖を入れると納豆は粘りが強くなって美味くなるということだけは書いておく。

餡子を家で作る、パンの上に粒餡をのせて食べる

私にとっての甘味は、落合とは少し違います。私が生まれ育った長野は美味しい果物が穫れますから、そのままいただくのはもちろん、渋柿で作る干し柿などドライフルーツも大好きです。また、私の母はお正月が近づいてきたり、何かお祝い事がある時には、家族の多いご近所さんから大きな鍋を借りてきて、小豆をひと晩、水に浸してふやかし、翌朝から軒先に置いた七輪の上でことこと煮込みました。

砂糖は本当に貴重品でしたが、母には外交官をしていた兄がいて、退官後にカナダで時計

商をしていました。その伯父さんが時折、麻袋に入れた砂糖を送ってくれたので、その砂糖が届くと餡子《あんこ》を作るのです。砂糖がない時はサッカリンを使い、塩や味の素を隠し味にします。その餡子がおはぎになるのか、あんころ餅になるのか、私は楽しみで仕方がなかったのです。

そうした経緯で、私も餡子を作るようになりました。ただ、ひと口に餡子と言っても、ご存知のように大きく分けて三つの種類があります。小豆の形を残し、なるべく皮を破らないように裏ごしもしない粒餡。小豆を潰しますが、豆の皮は取り除かないつぶし餡。小豆を裏ごしして皮も取り除く漉《こ》し餡です。手間暇がかかるのは漉し餡ですが、落合には粒餡を作るようにしています。

小豆の皮を残すのは、お通じをよくする食物繊維やサポニンという成分が含まれるからです。サポニンは中性脂肪やコレステロールを低下させ、利尿作用もあるとされています。つまり、むくみを解消したり、血液をサラサラにしてくれるのです。

また、小豆には糖質をエネルギーに変えるビタミンB1も含まれています。ビタミンB1は疲労を回復させたり、集中力を高める作用があると言われていますので、スポーツ選手には不可欠でしょう。ただ、小豆に含まれているビタミンは、餡子にすると減少するそうなので、お赤飯を炊くといいのではないでしょうか。さらに、小豆には解毒作用があり、二日酔いにも効果があるそうです。

そして、豆類は消化に時間がかかる、つまり、胃の運動量を増やしますから、胃腸の調子が優れないと感じた時は、煮豆などを摂ると回復が早くなると思います。動きが悪くなっている胃が働くようになり、思いのほか体調が普段通りに戻るのです。

このように、落合にとっても私にとっても、甘味に関しては幼い頃の環境や体験が大きく影響しています。子供の頃に好んでいた物というのは、大人になっても理由なく好み続ける場合が多いと思います。ですから、落合の甘党ぶりを無理に制限することはできません。それに、何より甘味はエネルギーになり、幸福感も与えてくれるものです。

私が粒餡を勧め、落合が大福を二個いただいて試合に臨むという習慣も、振り返れば落合の野球人生にとってプラスになりました。小豆は誰でも普段の食生活で積極的に摂っておいたほうがいい物ですし、特に落合のようなスポーツマンの体には効果があるというわけです。

私は子供の頃からパン食の習慣がなく、今でも余程のことがない限りはパンを食べない。それでも、信子が粒餡をこしらえた時だけは、生の食パンに粒餡を分厚くのせて食べている。粒餡のほうが体にもいいことは信子から教えられたが、食べ応えも粒餡のほうが断然いい。さて、小豆が話題に上ったので、私のうんちくを一つ披露しよう。

若い人たちは、小豆枕を知っているだろうか。枕の詰め物は、ウレタンやポリエチレンパイプなどの人工物から、羽毛、羽根、蕎麦殻など数多くある。その一つが、乾燥した小豆をそのまま詰めた小豆枕だ。

小豆は吸湿性に優れているので、すっきりした寝心地になるという人が多い。また、人の体温は睡眠に入ると徐々に下がっていくのだが、その際に体内の熱は頭や手足から放出される。ゆえに、頭の部分をすっきり、ひんやりさせておくのは、快適な睡眠を取るためには正しいのだそうだ。

それに、昔の人たちは冬場に食べる物がなくなると、枕の中の小豆を出して煮込み、飢えを凌いだのだという。まさに生きる知恵である。最近でも、小豆枕は市販されているのか調べてもらうと、一万円以上の高級品が多いという。肩こりに悩まされている人のために、首まわりに巻く小豆の首枕もあるそうで、まだまだ小豆枕の効果は健在なのだ。

信子は私の甘党を「体によくない」と否定せず、上手く活用しながら食事の管理をしてくれた。ナイトゲームを終えて帰宅してからの食事も、時間が遅いからと軽めの物ばかりにするのではなく、翌日のエネルギーになる物、長いシーズンを戦い抜く体力になる物、年齢を重ねるにしたがって体に優しい物と、自分で勉強しながら私の体に最善と思われるメニューを考えてくれた。次第に和食が中心となったが、飯類は最後に食べる。これも会席料理のコースと同じ順序であり、我が家の食事は自己流でありながら理には適った内容なのだと思っている。

私の甘党は餡子などの和物に限らず、ケーキをはじめとした洋菓子も守備範囲である。しかし、生クリームのような乳脂肪を摂り過ぎるのはよくないと、ケーキは家族の誕生日くらいしか食べない。その一方で、クッキー、カステラ、羊羹《ようかん》と、和洋を問わず日持ちする菓子は知人や講演など仕事で関わった会社から年中届く。

夜型の不規則な生活を長く続けてきた私は、野球の現場を離れてもなかなか生活のリズムを変えることができず、どうしても朝食を抜いてしまうことが多い。そこで、遅い朝食にはクッキー二〜三枚とブラックコーヒーを信子に勧められた。

甘味とともに必須の酒も、懇意にしているトレーナーからのアドバイスもあって、最近は芋焼酎の水割りだけでなく、ビールで始めるようにしている。銘柄にこだわりはないのだが、最近のビールは甘さが強くなったように感じる。私の味覚が変化したのか、本当にビールの味が変わったのか。読者の皆さんはいかがだろうか。

甘味との付き合い方にも
自分自身の生活にも責任を持つ

さて、私が現役時代から続けている食生活や甘味との付き合い方は、時に医師や食の専門家の話を参考にしつつも、信子と私が自分たちの生活に照らし、自分たちで考えてきたことである。だから、振り返って食の専門家に「落合さんの現役時代の食生活は間違っています」と言われたとしても何とも思わない。なぜなら、その食生活で成功したという体験をしているからだ。

元プロ野球選手で、体格がいいを通り越して太り過ぎている人はたくさんいる。現役時代の食生活を変えられず、年齢の割に食べ過ぎてしまうからだろう。私は現役時代から、動かない時は食べないと決め、シーズンオフは食べる量も減らしていたので、現役を退いたあとは自然に体重が落ちた。最近でもそれを維持しているが、医師に言わせれば、六〇代後半にしては食べる量は多いそうだ。

そう言われても、栄養士が計算したカロリー通りに食べようとは思わない。今のままで十分に健康を維持できているし、体調面で気になることもない。適正と言われる食事をして、満腹感がないとストレスを感じるほうが辛い。

生活や食では適正体重、カロリー、睡眠時間、会社に行けば売り上げや営業成績――現代社会には数字が蔓延《はびこ》っている。あらゆる物が数値化され、日常生活の中にも様々な数字が入り込んでいる。

さらに、数字に基づいた考え方も主流になっているだろうか。もちろん、数字が明らかになったことによって進化や発展してきた物事も少なくない。だが、自分たちが体験してきた感覚が大切な世界にも、必要以上に数字が入り込んでいるのではないか。正確に書けば、数字を出せば信頼性が高まると考え、自身の得た感覚を明らかにしなくなった。それは、食の分野でも、私が生きてきた野球の世界でも感じている。

野球の世界で例を挙げよう。現代は映像機器が発達し、投手も打者もビデオ撮影すれば、その動きを細かく分析できる。投手が繰り出すボールは、ストレート、カーブ、フォークボールなど球種ごとに速度や軌道がひと目でわかる。さらに、バッテリーの配球もすべて記録された上で傾向が分析されている。

自分に打順がまわってきたところで、対戦相手が投手を交代させる。現役時代の私なら、その投手の投球練習を観察しながら、ストレートは走っているか、変化球のキレはどうか、それまでに対戦した経験と比較しながら分析する。

だが、最近の若い選手は違う。投手交代がわかるとベンチに戻って来て、データ分析を担当しているコーチに頼んで資料を見る。ストレートの球速はどれくらいか、どんな変化球を投げるのか、どういう配球をするのか――その間に、相手投手は投球練習を終える。まるで、一夜漬けで試験を受けているようなものだ。結果は推して知るべし。どんなに詳細なデータがあっても、相手投手を打てるかどうかは技術次第だ。

あえて極論のように書いたが、物事の進歩による環境の変化は、自分で考え、実行するという習慣を奪っている側面が大きい。自分自身の目で確認し、経験を基に分析するのではなく、他人が作成したデータを鵜呑みにする。

グラウンドの上だけではない。体が資本のプロ野球選手なのに、勉強しながら自分で健康管理をするのではなく、一日に二〇〇〇キロカロリーの食事を摂り、このサプリメントを飲んでおけば大丈夫、などと思っている。

そうやって世の中が、表現はよくないが、自分の人生に自分自身で責任を持たなくなるほど過保護になっているのに加え、第一人者の成功体験ばかりがメディアを通じてクローズアップされている。

「あの社長はこうやって会社を大きくした」

「落合はこういう練習をして三冠王を獲った」

確かに、その内容は間違っていない。けれど、その練習に辿り着く前に、ファームでなかなか結果を出せず、先輩のいい部分を参考にしたり、助言をもらったりしながら試行錯誤をし、ようやく一軍でプレーできるようになったプロセスはほとんど伝えられていない。だから、若い人たちは、「こういう練習をすれば一流になれるのか」と簡単に考えてしまう。

どんな分野でも、成功を収めた人の大半は、その何倍も失敗を繰り返している。それもきちんと伝えながら、目標に向かって努力をしている若者に対して、現在はどの位置まで成長しているのか、その取り組み方は正しいのか、次の課題は何なのかを、管理職、上司、経験者と呼ばれる人たちは教えてやらなければいけない。

最近、プロ野球で勝てないチームを見ていると、そうやって若手に自身の置かれている位置を教え、次のステップに導いてやれる指導者がいない。ゆえに選手のほうも、真面目に練習に取り組んでいても、自分の進んでいる道は本当に正しいのか、わからなくて不安で仕方ない。そういう選手ばかりでは、チーム力は上がらないのだ。

私は「野球バカ」と言われることがある。世間一般には、野球しかできない本物のバカという意味かもしれない。しかし、これが野球界では、バカと言われるほど野球を極めたという褒め言葉になる。そう言われるだけの努力を重ねても、大成できるかどうかはわからないのが人生である。野球界だけではなく、実社会とはそういうもの。表面上は親切な情報が溢れ、優しくなったように見えても、決して甘くはないのだ。

10

偉大な食の主役・漬物

野菜の漬物、ハタハタの塩漬け、樽職人――秋田・冬の記憶

一番上の孫の誕生日や三人目のお食い初めがあったので、息子・福嗣の家族と食事をする機会が何度かあった。そうした家族の集まりで足を運ぶのは肉料理の店なのだが、最近は肉が苦手だったり、高齢な客のために魚介類も用意されており、少し洒落たファミリーレストランのようになっている。

歴史やブランドを誇っていたり、食材や調理技術に自信がある店でも、あらゆる顧客のニーズに応えられなければ、思い通りの利益をあげられない時代だという。そんな店側の努力に甘えるように、私は我儘な注文をすることがある。

先日は、河豚サラダを求めた。河豚皮の湯引きが美味かったので、それと何種類かの野菜をサラダ仕立てにしてほしいと申し出たのだ。もちろんメニューにはないので、仲居さんではなく、私の好みをよく知っている接客長に話をして、調理場につないでもらう。

すると、湯引きした河豚の皮にボイルした身の部分もミックスし、甘みのある白菜をはじめ、

赤かぶやミニトマトでサラダにしてくれた。味の変化も愉しんだほうがいいだろうと、青紫蘇ドレッシングや胡麻ダレなど何種類か用意してくれた。

妻・信子がその白菜を口にすると、「これは山東菜じゃない?」と言った。幼い頃に口にしたことがあるというので調べてみると、白菜と違って完全に結球せず、葉が黄色くなるのが特徴の葉物野菜だという。読み方は、「さんとうな」と「さんとうさい」の二通りあるらしく、主な収穫時期が一二月から一月あたりと短いため、現在では埼玉県の越谷など一部の地域でしか栽培されていない希少品。特に、山東菜漬けは人気があるそうだ。葉物野菜は漬物に適しているから、各地に名物がある。

ところで、読者の皆さんにとって、漬物とは食の中でどんな存在だろうか。ひと口に漬物と言っても糠漬け、千枚漬け、奈良漬け、松前漬けと種類が多く、広い意味では砂糖漬けや油漬けまで漬物に分類するという。ただ、あくまで私の予想だが、漬物とは食における最高の「脇役」と認識している人が大半ではないか。

だが、私の世代で寒冷地に育った人間にとっては、漬物とは偉大なる食の「主役」なのである。ここを出発点にして、この章では漬物について書いていく。

寒冷地で暮らす人々は、長く厳しい冬を越すために、生活に様々な工夫をしてきた。食の面では、雪に閉ざされて農作物が収穫できず、肉や魚も今ほどあるわけではない。そんな時期を食べつなぐためには、秋頃までに手に入れた食材をいかに保存しておくかが重要だ。

幼少期の記憶を辿れば、私の実家では冬の気配が感じられる頃になると、畑で穫れた野菜を土の中に埋め始める。そこに筵《むしろ》を被せ、細い竹竿を立てておく。

雪が降り積もっても、その竹竿で野菜を埋めた場所がわかる。雪をかき分け、筵を取り、土を掘り返せば野菜を取り出すことができる。竹竿を何本も立てる時は、家の二階から出入りするほど雪が積もっても、どの竹竿の下に何を埋めてあるか判別できるよう、竹竿の先に赤や青の布を巻きつけておく。

雪の下から掘り出した白菜には、凄く甘味があったのを覚えている。こうした野菜の保存の仕方は、信子が生まれ育った長野にもあったようだ。それに加えて秋田では、野菜やハタハタを樽に漬けていた。

ハタハタという名前は古語に由来し、現代の「ゴロゴロ」にあたる雷の擬声語だそうだ。かつて秋田では一一月に雷が鳴っていたようで、その時期に獲れることから「カミナリウオ」とも呼ばれ、漢字では「鱩」とも書く。

私が子供の頃は、最盛期に年間二万トン超の漁獲量だったと言われ、どこの家庭でも何匹ではなく何箱という単位で購入していた。大量に獲れるから安価なのも魅力なのだが、獲れ始めは裕福な家庭が買い漁る。そのうちに供給が需要を上回り、一箱の価格がどんどん下がっていく。最後のほうは「五円でも一〇円でもいいから持っていってくれ」となり、余裕のない家庭にも行き渡るのだ。そして、それぞれの家庭で塩漬けや味噌漬け、あるいは天日干しにした。

塩漬けは、木製の樽にハタハタと塩を入れるだけ。冬場になるとハタハタの塩漬けや天日干しに野菜の漬物というのが、秋田の普段の夕食だった。現在のように、肉や魚を中心としたメインのおかずがあり、白飯に味噌汁に漬物、という献立ではない。極端に言えば、白飯と漬物があれば腹いっぱいになった。

私が食べ盛りの中学生の頃は、二人の兄と夕食には一升五合の白飯を平らげていた。白飯にも味があり、それだけでも十分に食べられたし、漬物も一、二種類ではなく、畑で穫れた野菜はすべて漬物になっていたから種類も豊富だった。

居酒屋で漬物の盛り合わせを注文すると、胡瓜《きゅうり》、大根、茄子など三種類くらいが出てくるだろう。秋田の家庭で出されるのは、それに加えて白菜、赤かぶ、人参など倍以上の種類だ。しかも、二〜三切れずつ盛り合わせるのではなく、一種類ごとに皿に山盛りである。そうした部分からも、都会育ちの人や最近の若い世代がイメージする漬物と、私にとっての漬物は存在感が違う。

ちなみに、ハタハタの塩漬けを一年以上寝かせておくと熟成して魚醤《ぎょしょう》になる。それを漉した汁が「しょっつる(塩魚汁)」と呼ばれ、ハタハタや白菜、豆腐を入れたしょっつる鍋の汁として使う。そうやって、どこの家庭も二、三樽ではなく、十何樽もハタハタの塩漬けを作るから、次第にハタハタの漁獲量は減少し、一九九二年九月から一九九五年九月まで三年間は全面禁漁になった。それほど、秋田の人々にとっては日常的な食材なのである。

雪が解けて春が訪れると、どこの家にも多くの木樽が干してあった。今にして思えば、並んだ木樽を見て、その家族が無事にひと冬越えたのだと無意識に感じていたのだろう。壊れた木樽は、専門の職人に修理してもらう。春にだけ、その職人の姿をよく見かけていた。それだけ、寒冷地の家庭にとって木樽は大切な生活用品だった。

若い世代の人は知らないかもしれないので、木樽の作り方を簡単に説明すると、竹を曲げて円形にした「たが」で、杉などの木材を長方形に切り揃えた板を結っていく。それに底板をつけるわけだが、「たが」が緩んだり外れたりすると、その木樽はバラバラになってしまう。

木樽が人々の暮らしに密着していた証として、「たがが緩む」や「たがが外れる」という慣用句がある。「たがが緩む」は、緊張感が解けたり、年老いて気持ちが緩んでしまうこと、組織に締まりがなくなることを指す。また、「たがが外れる」とは、人の感情や組織の統制がコントロールできなくなるさまを指すが、木樽のたがをイメージすると理解しやすい。

そんなことを考えたついでに「たが」という字をどう書くのか調べたら、「箍」とあった。なるほど。最近では金属製のたがをよく見かけるが、やはり箍には竹が適していたことを表しているのだろう。話は少し脱線してしまったが……。

野菜嫌いで漬物も好まずだったが、浅漬けなら

落合が生まれ育った秋田の味を知りたいと、私もハタハタで鍋を作りました。ハタハタは少しヌルッとしていたので、塩水で洗ってから鍋に入れ、お野菜と煮込みます。しょっつるを作るのは、さすがに大変なので、瓶詰になったしょっつるを買ってきて鍋にすることもあります。

さて、私が生まれ育った長野の暮らしも、落合の秋田と似た部分があります。長野には北東部の野沢温泉村を中心に栽培が始まり、今では全国的になった野沢菜を漬ける習慣があります。

野沢菜の中には、葉と茎の丈が一メートル弱にまで生長するものがあり、それが家に届け

られると母とともに根についた土を払って洗いました。そして、株がばらけないように注意しながら、均等な長さになるように切り揃えると、秋田と同じように木の樽や桶が登場します。

野菜の漬物作りには色々な方法がありますが、野沢菜の場合は生のまま樽や桶に敷いていきます。我が家は縦、横、縦、横と互い違いに敷き、その都度、粗塩をまぶすのです。蛇がとぐろを巻くように敷き詰めるご家庭もあります。野沢菜の敷き方や塩の加減で、お漬物の出来栄えは変わるのです。

樽や桶いっぱいに野沢菜を敷き終えたら、河原で探してきた大きめの石を鍋の中蓋のように載せます。そして、その重石の上から子供に踏んづけさせたりして、野沢菜と塩水をなるべく早く馴染ませます。

一日から三日くらい経って水が上がってきたら、重石を少し小さくして、さらに漬かるのを待ちます。この頃はプクプクと泡が出てきて、発酵してくるのもわかります。時には白い膜のような酵母菌が出てくることがありますから、きれいに取り除いておきます。

あとは、漬かり具合はお好みで。毎日、重石をどけて必要な分だけ丁寧に株ごと取り出し、ボウルに入れて塩抜きをします。端を少し切って味見をしながら、お年寄りに出す時は塩分が控えめになるように何度か塩抜きをして、ひと株をきれいに切るのです。

落合の実家では、男性のお客様には昼間でもお酒とお漬物、女性にはお茶とお漬物を出していたそうですが、それは私にもわかります。子供でも三時のおやつに甘いお菓子をいただくことは滅多になく、小腹が減ったらお野菜や果物、あるいはお漬物を食べていた時代です。冬を越すための保存食として、どのご家庭でも漬物は作っていたと思います。

子供の頃から野菜やお漬物が嫌というほど身近にある暮らしをしていたからでしょうか。知り合った頃の落合は野菜嫌いで、お漬物もあまり好みません。また、色々話してみると、塩分を遠ざけているようでした。

ただ、ロッテオリオンズでレギュラーになると、平日はナイトゲームです。試合前は満腹にならないようにしますから、試合が終わって帰宅すると、それこそ一日分の栄養を一気に摂るような食事をするわけです。それから床に就いても、寝つけない日もあるでしょう。どうしても起きるのは昼頃ですし、それから体が目覚めていきますから、一般の方のようにもりもりと昼食を摂ることもできません。

そんな生活サイクルでも健康を保ち、しかも普通よりもうんと汗をかくため塩分の補給を必要とする落合に、どうやってプラスになるものを食べてもらうか。落合がグラウンドで必死に戦っているなら、私はその食生活をよりよくしようと考えに考えました。

そのうちの一つが浅漬けです。ご存知の方もいると思いますが、市販のファスナー付きのプラスチック・バッグを使うと簡単に作れるのです。たとえば白菜なら、そのままでも半日くらい干した物でも構わないので、水、塩とともにプラバッグに入れます。

そこに昆布、鰹節、唐辛子などをお好みで入れ、バッグの空気を抜きます。バッグの上から白菜をギュッ、ギュッと握るように揉んで、残っている空気もすべて抜けたら、冷蔵庫に入れておくだけで美味しい浅漬けになります。これで落合も、夕食では胡瓜、白菜、赤かぶの浅漬けは食べてくれるようになりました。

お漬物には、生の野菜よりも優れた健康効果があると言われています。発酵することで生成されるビタミンB群が豊富で、水分が抜けてカサが減ることで食物繊維の割合も多くなります。最近では、漬物に含まれるGABAというアミノ酸の一種が、眠りに入りやすくするということも知られています。GABAにはストレスを軽減したり、免疫力を増進する作用もあるとされており、お漬物があらためて見直されています。

お隣の韓国にはキムチ、中国にはメンマ、欧米にはピクルスやザワークラウトと、恐らくどの国を訪れても発酵食品は古くから人々の健康を支え、長く親しまれているのではないでしょうか。

　このように、お漬物にはいくつかの健康効果が期待できますが、私は、手作りするとその効果はさらに高くなると考えています。市販のお漬物は、保存性を高めるために塩分を強めにしてあるはずです。落合や私も、歳を重ねるにつれて食べ慣れたお漬物の塩味を強く感じることがあります。

　世の中でも減塩の傾向が強くなっていますから、そうしたニーズに応えるためのお漬物は塩分を控えめにする。ただし、保存性は維持しなければならないので添加物を増やすしかありません。それが、手作りならば食べる分を漬ければいいのですから、保存性を気にせずに減塩できます。また、漬けたあとでも、体調によっては食べる前に水洗いで塩抜きすればよく、もちろん手作りですから余計な添加物もありません。

　だからこそ、日本では多くの家庭で野菜を漬けていたのでしょう。豊かな時代になり、わざわざ家で作らなくても、すぐにお漬物は手に入れられます。そんな中でも、古き良き習慣や文化が見直されるのは素晴らしいことではないでしょうか。

「穏やかで幸せだ」と感じながら、鰻と奈良漬けを食べる

漬物のことを「お新香」とか「お香々」と呼ぶ人が多い。秋田では「がっこ」と呼ばれているので、私は東京に出てきて初めて「お新香」と聞いて驚いた。新香ならまだしも、丁寧な表現をする際の接頭辞である「お」までついているのだ。そんなにたいそうな食べ物じゃないだろうと思ったが、全国共通なのは「香」がつくこと。秋田の「がっこ」も「雅香」が訛《なま》ったとされている。

その「香」がつくのは、漬物が発酵する際に強い香りを発する場合が多いからだろう。香りのほかにも色、漬け方、漬ける素材などに地域ごとの特色がある。秋田の漬物でよく知られているのは、いぶりがっこか。その名の通り、燻《いぶ》したがっこで、県内の漬物店が燻り漬けを発売した際の商標だという。

作り方は、大根を天日干ししてから漬ける沢庵漬けに由来するのだと思うが、山間部では雪が降り始めるのが早く、十分に天日干しする時間が取れなかったことから、囲炉裏の上に吊るして燻製にし、米糠や塩で漬け込む。

昔はどこの家庭でも作っていたから郷土食で間違いないが、最近では囲炉裏のある家が少なくなり、地元の人も市販品を食べるようになっている。私自身は、干した大根独特の噛み切れなさや香りが苦手なのだが。

また少し話を脱線させると、いぶりがっこと並ぶ秋田名物にきりたんぽがある。

「きりたんぽは、お好きですか？」

今までに、この質問をどれくらいされただろう。だが、私が生まれ育った八郎潟周辺の地域では、きりたんぽを食べる習慣はない。同じようなものだが、だまこもちを食べていた。

きりたんぽは、炊いたうるち米を潰し、杉の棒に巻きつけて焼いたたんぽ餅を、棒から外して好みの大きさに切ったもの。それを比内地鶏で出汁を取った汁で鍋にするきりたんぽ鍋が有名だ。

一方、だまこもちは、うるち米をやや粒が残る程度の半搗《はんつ》きにして、球のように丸めたもの。形が違うだけだと思う方もいるかもしれないが、きりたんぽとの大きな違いは焼かないことだ。私が子供の頃は、残った冷や飯を日本手拭いで包み、手拭いを袋状にして潰した。

きりたんぽの発祥には諸説あるが、私はマタギの知恵だという説に信憑性を感じる。狩猟を生業とするマタギは、四季を問わず日中は山の中で過ごす。握り飯を携えて狩りをしていると、冬場は凍って食べられなくなってしまうことがあるため、きりたんぽの形にして焼いたのだという。

だまこもちは、きりたんぽから着想し、残った冷や飯を再利用した家庭料理ではないか。

このように、いぶりがっこにしろ、きりたんぽにしろ、郷土食にはその地域で生まれた地理的、あるいは気候的な理由がある。その土地の人たちが、いかに生きていくかを考えて作り出した食と言ってもいい。保存食でもある漬物は、その代表的なものだろう。

そこで、現代の食を考えてみる。流通網の発達も手伝って、日本国内では何か特定の食材が手に入らないということはないはずだ。たとえば、かつては仙台に行かなければお目にかかれなかった牛タンの炭火焼きを、取り寄せも含めれば全国どこでも食べることができる。

まったくの私論だが、日本人の食は、コンビニエンス・ストアの普及によって大きく変化したと思う。全国どこにいても、同じものが手に入る便利さ。その感覚が、飲食店やスーパーマーケットの全国チェーン展開にも波及していったと感じている。

では、その便利さは、私たちの暮らしを豊かにしているか。そもそも暮らしの豊かさとは、その人が生活の中のどこに重きを置くかで変わってくる。高価な食材を口にできる贅沢が豊かさだと感じる人もいれば、家族揃って食事ができる時間に豊かさを実感する人もいるだろう。

ただ、これだけ便利な世の中になると、それまでとは反対に、その土地、その店まで足を運ばなければなかなか手に入らないという希少感が持てはやされ、すなわち不便さで価値が高まることもある。人の心というのは、いつでも隣の芝を青く感じ、自分だけという特別感に動かされるものなのか。

私が年末年始を過ごす落合博満野球記念館のある和歌山県太地町には、コンビニエンス・ストアが一軒もなく、隣町にも二、三軒しかない。若者たちにとっては死活問題ではないか。

そこで、記念館でアルバイトしている女子高生に「学校帰りやクラブ活動のあと、小腹がすいたらどうしているの。コンビニがないと不便でしょう」と尋ねた。すると、「家に帰って自分で何か作ります。小さい頃からコンビニに行く習慣がないから、そんなに不便さは感じませんよ」と笑顔で答えた。

そう、人は与えられれば便利さに流れていくが、与えられなければ創意工夫して自分の暮らしの不便さを解消していく。何でもあることが豊かなのか、何でも作れることが豊かなのか――。

大切なのは、どんな環境にいても「穏やかで幸せだ」と感じられる心の豊かさを保つことではないか。コンビニエンス・ストアやファミリーレストランが二四時間営業をやめていくという昨今の流れを見ていると、人々が食に関して〝温故知新〟という感覚を思い出したのかな、と感じている。

それほど漬物を好んで口にするわけではない私も、夕食の鰻には奈良漬けがほしい。

「最近は、奈良漬けも高級品になったよな」

信子とそんな世間話をしながら食事をしている時間、私は心のどこかで自分の生活に豊かさを感じているのだろう。

11

スポーツ選手の力の源、肉

日本人の肉食文化

本書の内容を打ち合わせする際の夕食は、決まった日本料理店で摂っている。スタジオジブリの鈴木敏夫プロデューサーの行きつけだが、店のご主人と話してみると、私が若い頃に通った店で修業していたという。不思議な縁を感じた。

今回そのご主人に勧められた三キロ半くらいの大ぶりなメヌケは、カマのあたりを厚く切ってもらった。キンキやノドグロよりも脂が乗っており、重さを感じさせない上品な脂だった。また、毎月のように私以外のスタッフが愉しんでいるホオズキを、どんなものかと一つもらうと、これがなかなかのアクセントになる。もちろん、そろそろシーズンが終わりそうな河豚《ふぐ》の唐揚げは必須だ。そうやって、ゆったりした時間を過ごしながらテーマを考える。

人間は蛸や烏賊をはじめ、その姿を見ただけでは美味いとイメージできない生物も、間違って口にすれば命を落としかねない種類の植物も、誰かが冒険することによって食材としてきた。その中でも、肉類というのは世代や生活環境によって何をどうやって食べてきたかに特徴が出る。

大袈裟に言えば、その人の人生の道筋がわかる食材だと感じている。

日本人は穀物や野菜を食べる農耕民族だったため、肉を食べる習慣はほとんどなく、穀物は消化に時間がかかるので、腸が長くなったという説がある。その一方で、石器時代まで遡っても、日本人が肉食をしなかった時代はないと唱える学者もいる。実際、縄文遺跡からは鳥の骨を砕くなど、何らかの肉を食していた形跡が見つかっている。また、稲作が伝来した縄文時代晩期以降も、動物を狩って暮らしていた人たちはおり、マタギにつながっていくという。

ただ、日本人が仏教を信仰するようになると、その思想にある「命あるものを殺してはいけない」という不殺生の教えが、「肉を食べてはならない」と解釈されるようになり、日本人の間で肉食をするべきではないという考えが浸透したのではないかと言われている。それでも、出家者ではない人たちは猪や兎などを捕らえて食べ、肉食の文化も受け継がれてきた。

そんな日本人の肉食が再び盛んになるのは、明治維新を経て西洋の文化が入ってくるようになったころ。横浜の居留地で暮らす西洋人たちは、牛肉を取り寄せて食べるようになり、そうした西洋人の生活に触れた人々の価値観が変わっていく。人間には「怖いもの見たさ」という感覚が常にあるから、それまでのタブーに手を出すことが最先端と言われ、肉食もその一つだったようだ。

調べてみると、文久二(一八六二)年には、横浜で「伊勢熊」という牛鍋店が開業したという記録が残っている。居酒屋の主人が、現在のすき焼きの原型とされる牛鍋を思いつき、メニューに入れると次第に人気となり、専門店に変わったということだ。

その後、明治五(一八七二)年に発布された太政官布告により、僧侶の妻帯や肉食が認められ、日本人の間には肉食が広がる。そして、明治天皇が肉食奨励の方針を打ち出した同年以降は、食肉用の牛が飼育、販売されるようになっていく。

パチンコで雀を獲る

そうして、日本人の食生活に肉が加わったわけだが、昭和二八(一九五三)年に秋田で生まれた私にとって、子供の頃に肉と言えば鯨か鶏だった。鶏は卵を産ませるために白色レグホーンを飼っている家が多く、卵を産めなくなると食用にする。

また、前にも書いた通り、私の実家では年に何度も子供を産む兎を飼っており、「あれっ、あの兎がいなくなったな」と思っていると、すでに夕食に出されていた。精肉店で売られているのも豚や馬で、牛肉は見たこともなかったと記憶している。

外遊びの中で、雀を獲ることはあった。Y字形になっている木の枝を探し、そこに太い輪ゴムを引っかけ、パチンコにして石ころで雀を撃ち落とす。上手くいけば、それを持ち帰って焼いて食べた。雀というのは、俳句の季語にもなっている寒雀《かんすずめ》、すなわち冬場の雀が美味い。冬を越すために体に栄養を蓄えているからで、山林や田畑に餌が少なくなるため、民家に近づいてくるから捕まえやすかった。

私の実家でも、ひよこを買ってきて小屋で育てていました。漬物をこしらえる際に使う糠に残飯を混ぜて餌を作るので、鶏小屋に近寄ると独特の匂いがしました。父は蚕糸課に勤務していて非農家だったので、自給自足とまではいきませんが、どこのご家庭でも畑で野菜を栽培したり、食用の鶏や兎を育てていた時代です。

その鶏や兎は野犬も狙っていて、人も犬も食べるために必死だったのです。鶏や兎を捌くのは大人の仕事でしたが、我が家では鶏を絞めたこともない父が、鉈を持って来て鶏を捕まえ、絞めようとしたことがありました。やはり、慣れない人がするものではありません。やり損ねて鶏が大暴れしてしまい、それを見ていた四歳上の姉は、鶏肉を食べられなくなってしまいました。

落合が「知らない間に兎が夕食に出ていた」と言うように、鶏や兎を絞める時は、登校している間など子供たちにはわからないようにするものでした。だから、夕食に肉が出されても、何の肉だかわからずに食べていたのです。

現代は、小学生でも焼肉やステーキは牛、とんかつは豚、唐揚げは鶏などと、何の肉かわかった上で食べているでしょう。それだけ、日本人の食生活に肉は欠かせないものとなっています。でも、私たちが子供の頃はまだ、肉が食生活に占める割合はそれほど高くなく、特に牛肉は都会や収入の多いご家庭のご馳走だったのではないでしょうか。

落合と一緒になってから、名古屋でお食事に招待されたことがありました。当時は限られた店でしか味わえない高級品の名古屋コーチンを、色々な調理法でいただいたのです。新鮮なささ身を刺身で、ももはたたきで、といただく中で、まだ卵管の中にあり、殻に包まれる前の卵黄が出てきました。

なかなかお目にかかれない逸品だということでしたが、子供の頃に家で鶏を捌き、一羽を丸ごといただいていた落合や私は、殻に包まれる前の卵黄が卵管の中に数珠《じゅず》つなぎで入っているのを知っていました。珍しいというよりは、懐かしい味でした。

一流のメジャー・リーガーはビーフ、マイナー・リーガーはハンバーガーやチキン

こうした時代の流れの中で、肉を食べることは、ある種のステイタスになっていく。私は七人きょうだいの末っ子なのだが、一四歳上の長姉が見合いをする時は、相手の男性に振舞うために食卓にはとんかつが出される。子供心にそれが嬉しく、「今回の見合いがうまくいかなかったら、またいつか、とんかつを食べられるんだな」と不謹慎なことを考えたりした。それが理由ではないだろうが、姉は二〇回近く見合いをしたので、その度にとんかつを味わうことができた。ちなみに、三〇歳を過ぎて姉は結婚したことを書いておこう。

そうやって、特別な日の食卓には肉料理が出された。また、ビジネスマンの世界では、何か仕事で貢献した部下に、上司が「ビフテキで精をつけるか」と食事を振舞ったりした。肉の中でも高額なステーキ、すき焼きなど牛肉料理は最上位のステイタスを誇っていた。

戦前に産声を上げた日本のプロ野球が、第二次世界大戦で中断されても戦後にいち早く復活できたのは、川上哲治さんをはじめ、戦地から復員してきた選手が再びプレーしたからだ。そんな川上さんらが職業として野球を続けようとしたのは、「野球をすれば、腹いっぱいに食えるか

ら」というのが理由の一つでもあった。

肉体が資本のスポーツ選手にとっては、食べることも仕事である。その中でも、闘争本能を呼び覚ますと言われていた肉類をよく食べる習慣があった。

また、日本の野球界では、発祥の地であるアメリカの文化が尊重される傾向が強い。戦後間もなくのメジャー・リーグでは、「ビーフを食べられるのは一流のメジャー・リーガーで、まだ成長途上のマイナー・リーガーはハンバーガーやチキンしか食べられない」という現実があり、それが実力主義の代名詞として日本のプロ野球界にも入ってきた。

肉がステイタスという考えやスポーツマンが肉を好むことは、落合と出会い、プロ野球選手の食生活を知るようになって理解しました。一番思い出に残っているのは、一九九〇年代の中頃、キューバの選手が来日していた時のことです。

オリンピックで金メダルを獲得していたキューバ代表チームは、毎年のように来日していました。その主力だったオマール・リナレスさん、オレステス・キンデランさん、アントニオ・パチェコさんの三人は、来日する度に「落合さんと話がしたい」と言ってくださるのです。

落合もまだ現役選手で、しかもペナントレースの最中です。なかなか時間を取ることができませんでしたが、それでも何度か彼らと食事をともにしながら野球の話をしました。我が家にお迎えすることになった時は、牛肉をブロックで買っておきましたが、三〇歳前後で働き盛りの彼らは、数キロある牛肉の塊をペロッと平らげていました。その様子を見ていて、「スポーツ選手の力の源は、やはり肉なのだ」と感じていたものです。

驚いたのは、「僕らはまだ、ステーキを食べられるような選手じゃない」と言ったことです。聞けば、共産主義国家のキューバにはプロ野球がなく、国内では高給取りの彼らでも、質素な暮らしをしているということでした。

肉にまつわるエピソードは、ほかにもいくつかあります。落合は二度目の三冠王を手にした一九八五年、都民文化栄誉章をいただきました。その表彰式の際、同行した私のところに、ある国会議員の方がやって来ました。

「落合さんには、お子さんがいないんだよね」

その方の表情を見て、何が言いたいのか私にはわかりました。

「三冠王の落合さんは奥さんが九つも年上だから、きっとお子さんにも恵まれないだろう」

そんな声が落合の周りで囁かれていることを、私も薄々知っていました。とはいえ、子供は授かりものです。落合の遺伝子を後世に残せないのは残念だけれど、せめて落合の志だけでも受け継いでいくことはできないものか。私は悩みに悩んだ末、ロッテオリオンズの若い選手のどなたかを養子にしようと考えました。

落合に相談すると、とりあえず私の思うように動いてみればいいとのこと。北海道遠征の際に若い選手を食事に連れて行くので、そこに同席してみるように言われました。試合後、落合より九つ下で同い年の三人の若者とジンギスカン鍋を囲みました。

当時、二三〜二四歳の三人は礼儀正しく、希望に満ち溢れた素晴らしい青年でした。しばらくして、福嗣を妊娠していることがわかり、養子の話は実現しませんでした。それでも、若い選手が美味しそうに肉を頰張っている様子を見ると、この頃のことを思い出します。

また、湾岸戦争が始まった一九九一年の年明けには、アメリカ西海岸で暮らしているレロン・リーさんのお宅を家族で訪ねました。リーさんのことは、多くの方がご存知でしょう。一九七七年から一一年間ロッテでプレーし、落合のよきライバルでもあった黒人の左打者です。

日本人の美樹さんと再婚し、引退後はアメリカに帰国してカリフォルニア州で暮らしていました。当時の落合は、シーズンオフでもスポーツ紙の記者さんに追いかけられ、気持ちを休めることもできない状態でしたので、私がリーさんにお話しして、リーさんのお宅に泊めていただきながら自主トレをすることになりました。

まだ三歳だった福嗣も連れてリーさんのお宅に伺うと、いきなり歓迎会のバーベキューです。リーさんは庭にコンロを出し、大きな牛肉の塊を焼き始めます。しばらくすると、焼けた牛肉を取り分けてくれたのですが、外側は焦げていて、中はレアというより生。しかも、サラダや焼き野菜など付け合わせのものはなく、ひたすら肉を食べるのです。

さらに、翌朝はハンバーガーです。とてもジューシーで美味しいのですが、シーズンオフで食べる量を減らしていた落合は、ハンバーグを遠慮してパンだけいただいていました。アメリカのご家庭が全部そうだとは思いませんが、やはり国が違えば食生活や食文化も違うのだと実感しました。

「食の太い選手は大成する」

妻・信子の回想を辿っても、野球選手にとっては肉が主食だと言っていい。また、肉を含めて食が太い選手は大成するというのが、私が若かった頃からプロ野球界の定説なのである。正確に書けば、大成した選手は必ずよく食べている。成績を落とす選手が多い夏場でも、バテずに数字を残せるからだ。ビジネスマンの世界でも、仕事ができる人は食が太いと言われるが、それは真実だと感じている。

そんなプロ野球界の食事情も、時代とともに変わってきた。私が若かった頃は、春季キャンプでは鍋を囲むことが多かった。レギュラー、中堅が二人、若手の四人グループだとしよう。若手の私は、練習を終えるとレギュラーの先輩のグラブやスパイクを磨いたり、洗濯をしてから食事をしている大広間へ向かう。

その間、レギュラーや中堅の先輩は風呂に入り、先にビールを飲みながら鍋を始めている。私が最後に着席し、鍋に手をつけたかどうかというタイミングで、レギュラーの先輩が「あ〜、よく食った。さあ、行くか」と言えば、そこで私の夕食も終わり。角界もそうだったと思うが、練習でも食事でも、好きなようにしたければレギュラーを獲り、一流になれという時代だった。

ちなみに、プロ野球界では一、二軍でキャンプや遠征の際に宿泊するホテルのグレード、そこで出される食事の質は異なるし、新幹線や特急でも実績によってグリーン車か普通車指定席かは変わる。食事をはじめとする生活環境で階級が示されるような習慣があるが、ビジネスマンで言えば役職によって出張手当が異なるようなものだろう。

そうした中、私たちの時代は家族が揃って鍋を囲み、父親が手をつけたら食事が始まる、という経験を誰もがしていたので、先輩とのグループで鍋をつつくような食事のスタイルには違和感がなかった。その後、核家族が増え、父親の帰宅も遅いから、揃って夕食を摂る家庭は減っていった。鍋をつつき合うという経験が少なくなり、キャンプの食事会場も旅館の大広間からホテルの宴会場に変わっていくと、食事の内容も鍋からバイキング形式になる。

バイキングなら、自分の好きな物を好きなだけ食べればいい。だが、それでも球団が用意した夕食ではなく、チームメイトと連れ立って、あるいは一人で外食する選手も少なくない。

選手たちが摂る食事は、一般の方々が宴会をしたり、何かの会合で酒を飲みながら食べる物とは違う。明日もプレーするため、ケガをしない体を作るために食べる物なのだから、球団のマネージャーがホテル側と打ち合わせをし、内容を決めていた。以前にも書いたが、私が中日で監督を務めていた時、選手たちの食事に関しては、それは細かく話をした。決して高価な食材を使う必要はないが、疲れていたり、食欲がない時でも食べられる物、バランスのいい献立など、選手たちのためになるように交渉した。それでも、選手の生活環境や食事に対する考え方の変化には追いつかない。

プロ野球のペナントレースは、平日は午後六時前後に開始されるナイトゲームだ。三時間戦えば午後九時で、そこからシャワーを浴びて着替え、精神的な興奮を冷ませば午後一一時くらいにはなってしまう。その時間から夕食を摂れば、床に就くのは午前二～三時。当然、目覚めるのは昼頃だ。

そういう生活サイクルが体に染みついているから、今でも私は夕食の量が同世代の人に比べて多いと思うし、朝はなかなか食欲が出ない。一般的な視点で言えば、長い間、不規則なリズムで生活していることになるが、それでも人並みの健康は維持している。

一方、最近の若い選手の中には、ナイトゲームが終わったあとは食事をせずに眠り、朝、昼の食事を規則的に摂るというタイプもいる。確かに、私たちの世代に比べれば心身の健康を保つことができるのかもしれない。さらに、多様性を容認する近年の社会の空気に照らせば、「食の太い選手は大成する」と言えば、押し付けがましく聞こえてしまうのかもしれない。

そうやって、スポーツ選手にとっての食事の摂り方が多様化したのに加え、医学や栄養学も入り込んできた。それはもう時代の流れなので、私は決して否定しない。

一つだけ忘れてはならないのは、1＋1の答えは、世界中どの数学教師でも2と教える。それに対して、ダイエット法では炭水化物が厳禁だという専門家もいれば、ある程度の炭水化物は摂るべきだと唱える専門家もいる。つまり、医学や栄養学には諸説あり、どれがその人の体質に合うのかはわからない部分がまだ多いということだ。

「肉は牛より鶏のほうがいいんですよ」

誰かに教えられた知識に基づき、自分の食生活を学説や数字で管理している、あるいは何らかの資格を取得した奥さんに管理されている選手を見ると、私が先に書いた「ビーフを食べられるのは一流で、まだ成長途上はハンバーガーやチキンしか食べられない」という話は耳に入らないのだろうと思う。

このように、日本人にとっての肉料理というのは、生まれ育った世代や地域、どんな職業でどういう立場にあったかを、ある程度まで明らかにする気がする。もちろん、私もそうであるが、三〇代の現役選手だった頃と、現場を離れた六〇代では変化していくものである。

余談になるが、男女雇用機会均等法が施行され、企業が女性の総合職を本格的に採用して三〇年を経ただろうか。情やしがらみを含めてグズグズとやっていた男性社会を、頭がよくて几帳面な女性たちが「あれはおかしい」、「これは変だ」と指摘し、コンプライアンスやハラスメントがクローズアップされる社会に変化した。

それ自体に疑問はないが、あまりに速い変化を心配してしまうのは私だけだろうか。また、そうして社会が変化する中で、「肉食女子」という言葉が生まれ、「草食男子」が増えてきたことを心配してしまうのは私だけだろうか。

すき焼き店が減り、しゃぶしゃぶは牛より豚がいいという声に「草食男子」の増加を実感し、家族で焼き肉店を訪れた際に、一人で黙々と肉を焼く若い女性の姿に「肉食女子」の逞しさを目の当たりにする昨今。日本男児には、肉、それも牛肉をもりもりと食べ、いい仕事をしてもらいたいのだが……。

12

コロナ禍の食事と日本人

「何か食べられればいい」から「好きな物を食べたい」へ

五か月のご無沙汰になってしまった。二〇二〇年二月に前章の原稿内容の打ち合わせをした際、横浜港に到着した大型客船で新型コロナウイルスの集団感染が発生していたが、これほどの大事になるとは予想ができずに原稿を書き上げ、三月はいよいよ最終章である。下旬に打ち合わせの日取りも設定され、あれやこれやと構想を練っていた。そんな中で、四〇度近い発熱と鳩尾《みぞおち》の痛みに見舞われた。

体力には自信を持っているが、ユニフォームを着ていた時でもシーズンオフに風邪をひくと長引くことがあった。それに、この度の未知のウイルスは高齢者が重症化しやすいという。妻・信子の助言もあって保健所に連絡したが、一向につながらない。そうして、久しぶりに医師の診察を受けた。

発熱は新型コロナウイルスの影響ではなく、数日で平熱に戻ったのだが、その間に世の中の様子は一変する。野球界でも、三月二〇日に予定されていたプロ野球の開幕が延期され、第九二回選抜高校野球大会は中止に。選抜が開催されないのは、第二次世界大戦の影響で一九四二年から四六年に中断した以外では初めてのことだという。

その後、三月二四日には東京五輪の延期も決定。そうして、スポーツのほかにも演劇や音楽の公演、映画作品の上映など、私たちの生活の中に当たり前のようにあったイベントが次々と目の前から消えてしまう。

この原稿の打ち合わせも延期となり、しばらくは新型コロナウイルスの感染状況を注視する日々が続く。もともと出不精ゆえ、家に籠る生活自体は苦にはならなかったが、現在の仕事は各メディアへの出演や講演が中心になっており、開店休業のような状態になった。不幸にも著名人が新型コロナウイルスによる肺炎で亡くなったり、感染が世界規模で広がったため、四月七日に東京をはじめとする七都府県、一六日には全国に緊急事態宣言が出され、一時的ではあるものの世の中の動きは止まった。

落合の発熱が大事に至らなかったことには胸を撫で下ろしましたが、緊急事態宣言下で私たちの日常生活は少しずつ変わっていきました。まず、選手、監督の頃は一年の半分以上は遠征で、その後も出張などが少なくなかった落合が、家に毎日いるのです。できる限り外出を控えなければならない中で三食を準備するには、まとめて食材を買っておくことが必要です。

そこで、福嗣のお嫁さんと話して、運転免許を持っている彼女に買い出しをお願いしました。ですが、ある日の買い出しから帰ってくると、泣き出しそうな顔をしながらこう言うのです。

「レジに並んでいたら、後ろのご婦人に『買い溜めをするのはやめなさい』と叱られました」

二所帯の数日分をまとめ買いしているのだから、普段よりは多くなるでしょう。私ならば、そのことを説明したかもしれませんが、何よりも見えないウイルスとの闘いのストレスで、人々の気持ちが切羽詰まってささくれ立っていることが悲しい。お嫁さんには、二回に分けて買い物をして、駐車場の車に運んだらどうかと提案しました。

そうして、長男の家族も我が家も巣籠り生活です。はじめのうちは、落合と毎日三食をともにするのが新鮮でした。実は、発熱したのをきっかけに、お医者様のアドバイスもあって、落合は生活習慣を変えたのです。

現役時代は、夜の試合を終えて遅めの夕食を摂り、日付が変わってから床に就くため、起きるのは昼過ぎ、それからブランチのような朝食、野球場で軽く昼食という生活リズムでした。その習慣が身についていた落合は、最近まで早起きして朝食を摂ることがありませんでした。

プロ野球選手にとっては当たり前の生活リズムも、さすがに歳を取ってくると体への負担も大きいだろうと、一般の方と同じように朝から三食の生活に変えました。朝食はパンにコーヒー。缶詰の粒餡を食パンに塗って変化を愉しむなど、それまでは積極的に摂ることのなかったパン食で一日をスタートさせます。

そのあとは、天気のいい日は夫婦揃って散歩に出かけます。なぜか、落合は北向きの人通りの少ないほうへ歩いて行こうとするので、私が南向きの暖かいほうへ手を引きます。公園など腰掛けのある場所を見つけては休み、時には自動販売機で飲み物を買って休憩します。何日か続けていると、私たちの姿を見ていた近所の方が、「落合さん、これ飲みなよ」とペットボトルを差し入れてくれる。そうやって、人の温かさも感じながら一時間ほど歩きます。

お昼は落合の好きな麺類にして、休みたい時は三〇分、小一時間と昼寝。夕食は、肉や魚のおかずを麦ご飯で。そんな一日を繰り返していました。ただ、そうして毎日キッチンに立ち、散歩をする日々を過ごしていたら、さすがに私はバテてしまいました。とはいえ、外食も自由にはできないでしょうから、どうしたものかと考えていたら、玄関のインターホンが鳴ります。

最近の若い方は、好きな飲食店からデリバリーをしてもらうことがあるようですが、外出自粛の期間には、それを私たちのような世代のご家庭も利用しているよう。インターホンの主は、お隣さんが注文したデリバリーの配達員でした。間違いだと伝えたのですが、落合が「うちも利用してみないか」と言うので、新聞に入ってくるチラシなどで我が家に配達してくれる店舗を調べました。

新たに宅配を始めたり、宅配業者と提携している店舗がいくつもありましたが、落合と私が関心を持ったのは、テイクアウトのみ対応する和食店でした。そこで、孫たちの分も面倒を見るからと、長男に取りに行ってもらいました。最近のお弁当は容器もかわいらしく、お味もなかなかです。それでも、私たちの世代は手作りに慣れているからでしょうか、二回注文すると飽きてしまいました。

ですが、今回のコロナ禍で再認識したことがあります。

私たちが子供の頃、特に落合や私が生まれ育った田舎では、食材がそれほど豊富にあったわけではありません。露地物の野菜に鶏肉、それに落合の故郷の秋田ならハタハタ、私の長野なら鯉や川魚などが貴重な食材でした。冷蔵庫のある家庭も少なく、もちろんレトルトや冷凍食品はありません。

それが、全国的な流通網が整備され、食品の加工技術も発達した現代は、日本中どこで暮らしていようと、変わらぬ食生活を送ることができます。秋田や長野にだって、全国チェーンのファミリーレストランやハンバーガーショップがあるのです。

そうして、日本人の食に対する意識は「何か食べられればいい」から「好きな物を食べたい」に変わったと思います。つまり、食において最も大切にされる意識が、満腹から満足になったのでしょう。一方、そんな変化の中でも、食器選びや食材の盛りつけに関する美意識は昔から変わらずに受け継がれている印象があります。

海外グルメの番組を観ていると、食器の中に料理がとにかく山盛りになっています。でも、日本では大きなお皿の上にちょこんと料理が載っていて、お皿の柄にも目を奪われたりします。そんな余白を愉しむセンスが日本人にはある。テイクアウトのお弁当をいただいて、そんなふうに感じました。

何かを突き詰める満腹感より、他者からの評価による満足感

もともとこの章では、食に関する私なりのまとめとして、日常生活や人間関係における食との関わりについて考察してみようとイメージしていた。そのテーマへの導入に、映画において印象に残っている食事シーンを挙げてほしいとリクエストされた。ところが、これというシーンが思い浮かばないのだ。

マカロニ・ウエスタンには食事のシーンが比較的多いと言われれば、「あぁそうだな」と同意できる。また、スタジオジブリ作品のファンの間では、『ハウルの動く城』でハウルがベーコンエッグを作り、それをソフィーやマルクルと一緒に食べるシーンが人気だと聞けば、「なるほど」と納得する。

確かに、映画の中の食事シーンは、登場人物の関係や立場を表現したり、そこから先のストーリーを暗示するような仕掛けもあるのだろう。だが、それはあくまで設定や伏線に関することで、その作品を味わうための本題ではないだろうと考えている私の記憶には、あまり強く刻まれていないのだ。

振り返れば、プロ野球界に身を置いていた時も、私は自分の意思を伝えたり、大事な話をする際に食事の席を使うことがなかった。選手の頃は、チームメイトと連れ立って食事をするのも空腹を満たすためだったし、監督として選手に何か伝えることがある場合も食事の席に呼び出すのではなく、タイミングを見計らってナゴヤドームの監督室に来てもらっていた。

やむを得ない事情がない限り、私は球団が用意したホテルの宴会場で夕食を摂る。「今日は焼肉が食べたい」とか「訪ねてきた友人に会うから」と、外食することはほとんどない。だから、何か私に話をしたい選手は、いつも夕食会場の片隅で、私の夕食が終わるのを待っていたものだ。

ビジネスの世界では、交渉事や人間関係を築く際に食事の席を使うケースが多いと思うが、呼ばれる側でない限り、私はそうした席には着かない。そこで、時代とともに変化した日本人の気質を、食からは少し離れるが、スポーツの世界で考えてみる。最近、私の心に引っかかったのは、スポーツ選手の次のような発言だ。

「僕のプレーが、ファンの皆さんに勇気や元気を与えられれば嬉しいです」

東日本大震災が発生し、プロ野球ペナントレースの開幕も遅れた二〇一一年あたりから、野球に限らず、スポーツ選手の間でこうした発言が増えたように感じている。何が引っかかるのか。勇気や元気を〝与える〟という表現だ。

そもそもスポーツというのは勝負事であり、結果は勝つか負けるかしかない。特に、その競技のプロ選手は職業としてプレーしているのだから、勝敗と個人成績が評価や契約の対象となる。ならば、目指すべきは自身の成績を少しでも上げ、チームに貢献することだろう。

そのひたむきな姿を見て、ファンが「勇気や元気をもらいました」と言ってくれるなら、それは選手冥利に尽きる。すなわち、ファンの得る勇気や元気は、選手が全力でプレーした副産物だ。それを与えようとプレーするのは、少し違うのではないか。

あくまで世代が異なるがゆえの表現の違いかと考えたこともある。だが、彼らはこうも言う。

「優勝はできませんでしたが、ファンの皆さんが『よくやった』と言ってくださるので満足です」

揚げ足を取るつもりはないのだが、こんな言葉を耳にすると、「優勝できないのに満足するとは、もはやプロではないんじゃないか」と突っ込みたくなってしまう。そんな彼らと戦うことがない私は、プロとは何ぞやと語る気もないし、スポーツ界の未来を憂えることもない。

私自身は、一九九八年に二〇年間の現役生活を終えた時、「もう野球は腹いっぱいやらせてもらいました」と記者会見で述べた。当時の偽らざる心境である。そして、中日で監督を務めた八年間では、何かあるごとに選手たちにはこう伝えた。

「監督やチームのために野球をやるな。自分自身や家族のためにプレーすればいい」

だから、ペナントレースに臨む際、あるいはリーグ優勝を果たした際に「落合監督を男にできた」などと発言する選手はいなかったはずだ。球団史上初の連覇をかけた二〇一一年は、東京ヤクルトに一時は一〇ゲームも離される苦しい展開だった。そんな中で、九月二二日に私の退任が発表されると、そこから一五勝六敗三引き分けの快進撃で逆転優勝した。ちなみに、東京ヤクルトとの直接対決は七勝一敗だ。

その戦いぶりに、大半のメディアは私の退任を聞いた選手たちが一丸となったと書き立てた。私とともに退任することになった森繁和ヘッドコーチが、上手く選手をまとめてくれたのは事実である。だが、勝因は私の去就に関して選手が発奮したのではなく、あくまで選手一人ひとりの負けん気に火が点いただけ。スポーツ選手の底力は、他人のためではなく、自分や家族のためでなければ発揮できないと、今でも思っている。

そして、八年間の監督生活を終えてから、こう実感している。

「自分の野球人生に満腹感を抱けた選手は、監督やコーチになった時も、若い選手たちに自分と同じような気持ちになってほしいと思いながら接する。一方、まだ現役を続けたいという段階でクビになった選手は、自分が監督になると、まだできると思っている選手をクビにする」

信子は、「食において最も大切にされる意識が、満腹から満足になった」と感じているようだが、それには私も同感である。さらに話を進めれば、食に限らず、若い世代は何かを突き詰める満腹感より、他者からの評価による満足感を求めているのではないか。私に言わせれば、その満足も自己満足だ。それが、ファンに勇気や元気を与えるという発想にもつながっているのだろう。

若い世代を批判しているのではない。時代の変化なのだろう。何度も書いているが、私の少年時代は生きるために食べていた。何を食べるかではなく、どれだけ食べられたか。満腹になることがこの上ない幸せであり、明日も生きていく原動力になった。

現代の若者に、そうした感覚を理解しろと言っても難しいだろう。レストランやスーパーマーケットを中心に、食品廃棄(フードロス)が社会問題として取り上げられるほど、日本は豊か(この現状を豊かととらえるかどうかは意見が分かれるだろうが)になったのだ。

食材だけでなく、食に関する情報も溢れている。「満腹になるより腹八分目のほうが健康にいい」とか「競技力を高めるためにはこうしたメニューが望ましい」など、トレーニングに関する知識と同じで、管理栄養士ら専門家のアドバイスに基づいて食事を考えている若者は少なくない。

だが、トレーニング方法や食事というのは、現在進行形で研究が進んでおり、まだ絶対的な正解はないはず。ましてや、体調や体力の状態、微妙な気候の変化などにも左右されるはずだから、実際の効果以上に自分自身が「これでいいんだ」と満足できるものを採り入れる。つまり、私たちの若い頃の〝満腹感〟に対して、現代の若者は意識せずとも〝自己満足感〟を求めているのだと思う。

三食規則正しく、そして禁酒
――コロナ禍で私のライフスタイルも変化

先ほど話題になった映画の食事シーンで言えば、舞台は卓袱台《ちゃぶだい》のある和室からテーブルと椅子が並んだ洋室に変わりました。献立も純和食から洋食の占める割合が高くなっているのではないでしょうか。

そして、家族が三世代揃う食卓から、核家族化、さらに父親は単身赴任や出張でいない食卓に。もしかしたら共働きで母親もおらず、きょうだいも昔ほど多くないでしょう。テーブルと椅子の食卓には、家族で囲むというイメージが薄くなっています。親の背中を見て育つ機会が減ることで、家ごとの食の習慣も受け継がれなくなっていくのでしょう。

先日、孫の誕生日に息子の家にお邪魔すると、お寿司を出前してもらうので一緒に食べていってとのこと。愉しくいただきましたが、小さな孫たちが醤油をつけ過ぎないようにと、お嫁さんはケーキ用の刷毛《はけ》で握り寿司に醤油をつけていました。そんな子供たちへの配慮を見た時、時代は変わっても食を通した親の愛情は伝わっていると安心したものです。

また、最近は昆虫食が高蛋白、低糖質だと見直され、海外では昆虫食のレストランも人気を集めているというニュースを目にしました。私たちの子供の頃も蝗《いなご》や蜂の子の佃煮が蛋白源でしたが、食材が増えるにしたがって「ゲテモノ」と敬遠されるようになりました。

そして今、また昆虫食が見直されるとは、ファッションの流行のように、食についても時代は巡るのですね。最近、スーパーマーケットに並ぶ野菜には形や色がきれいな物が多いのですが、私は形や色の不揃いさに野菜の持つ勢いを感じます。そんなワイルドな野菜も、きっと見直される時が来るのでしょう。

今回の発熱やコロナ禍による自粛生活は、先に書いたように私の生活リズムにも変化をもたらした。現在は、食べた物がなるべく同じ時間に食道や胃を通過するのが体にいいということで、三食を規則正しく摂るようにしているし、監督時代に願掛けで優勝するまで一年間禁酒して以来、初めて酒を飲まずに暮らしている。

世の中では「新しい生活様式」が提案され、飲食店には透明のアクリル板が置かれている。無観客で開幕に漕ぎ着けたプロ野球では、ようやく五〇〇〇人までの観客を入れられるようになった。

新型コロナウイルスを心配せずに生活できるようになるまでには、まだしばらく時間が必要だろう。ただ、このまま人と人が距離を取らなければならない生活が続くとも思えない。プロ野球であれば、観客席が満員となり、ビールを飲んだり、大きな声で応援できる日は必ず戻って来るはずだ。そんな日をゆっくりと待ちたい。

最後に、現代は健康意識の高まりや、複雑になっていく疾病を予防するために、食文化も変化している。それは時代の流れなのだろうが、食の専門家が食材や調理法についていい部分ばかりを解説するのはいかがなものか。どんな食材にも体にいい要素とそうでない部分が共存しており、時代とともに見直される食材も少なくないのだから、「体にいい」というのをあまり気にし過ぎることはないだろう。

それよりも、食は人間の生活、もっと言えば「生きていく」ということに最も密接しているのだから、食べたい物を好きなように味わい、そこから心の豊かさも育んでいくのがいい。数多の食材や調理法から好きな物を選べる豊かさを当たり前だと感じ始めていた昨今、様々な面で不自由さを感じさせられた今回のコロナ禍によって、私たちは「生きていく」ことの原点、古き良き物を次の世代に受け継ぐ感性を思い出したのではないか。

「ご無沙汰しました。河豚は終わってしまったので、そろそろ落合さんには虎魚《おこぜ》と考えていたんですが、今回はいい物が入らなくて……」

打ち合わせの際に足を運ぶ和食店のご主人から、五か月ぶりの挨拶代わりにそう言われた。

「虎魚か……、いいな。もう夏か」

そんな、食で四季を感じられる生活が幸せだ。

あとがき

本書の一番の特色は、拙著では初めて妻・信子が登場することだろう。執筆内容を打ち合わせする際も、編集スタッフは私の話に真剣な表情で耳を傾けてくれる。一方、信子が話し出すと笑い声が絶えず、場の雰囲気もパッと明るくなる。こういうところは信子の天賦の才だと感心させられるが、読んでいただいた方にはそうした空気感も伝わったのではないか。

そして何より、プロ野球選手にとって最も大切な「食」という面で、私の野球人生をアマチュア時代から支えてきたのだ。一流の料理人たちの専門的な話ともひと味違う「三冠王を創り上げた食」のこだわりが加わったことで、本書の内容に深みが出せたのではないかと感じている。

さて、スタジオジブリの鈴木敏夫プロデューサーからの求めに応じて、私なりの食に関する考え方を書けばいいかと『熱風』で連載を始めたが、新型コロナウイルスの感染拡大によって一時中断を強いられ、本書の刊行も当初の予定より延期となった。二〇二一年春の時点で、世の中はまだ〝普段〟を取り戻せていない。そのような状況下で、感染リスクを高めるとされた外食産業は大きな打撃を受け、休業する店舗も少なくない。

長く愛されてきた名店を閉めるというニュースを見た時、店主の何とも言えない表情を見ると切なくなる。ウイルスが猛威を振るう世界に生きている私たちは、感染者数の日々推移する数字に追いかけられている。しかし、悲しいと感じるのは絶望的な数字を見た時よりも、この状況に苦しむ人を目の当たりにした時だろう。

情報通信、科学、医学……あらゆるものの進化や発展により、日々の暮らしは便利になった。だが、その進化にしたがって人間が数字に支配される部分が大きくなっている。本書にも書いたが、私は出されたものを腹いっぱい食べて育ってきた。それは、生きるためだ。対して、現代の若者にとって食べるのは当たり前の行為であり、しかも選んで食べる時代。極論すれば、プロ野球選手になるためには、タンパク質をどれくらい摂り、糖質はこれくらいにしておいたほうがいいなど、食材ではなく成分を数値化して細かく指導されている。

ただ、そうした理想的な食事には諸説あり、それが成果に結びつく人もいれば、そうではない人もいる。ダイエット法もしかりだ。どんなに食に関する学問や情報が進歩しても、長生きできる食、痩せられる食、プロ野球選手になれる食の答えは出せないわけで、結局はどの説を信用するか自分自身で決めなければならない。

「何でも腹いっぱい食べる」から「何をどれくらい食べるか」へ。食文化の変化は、時代の移り変わりとリンクした部分もあると思うが、プロ野球界の若手選手を見ていると、管理栄養士の指導に基づいて食事を摂っているものの、それが野球の技術向上や体力強化として結果に表れないと、「これで大丈夫なのか」と不安を抱えているように見える。

それは、野球人生の過ごし方も同じだ。監督やコーチの言うことはよく聞く。アドバイスを受ければ、その練習法に一生懸命に取り組む。だが、一定の成果を得られないと不安になり、どうしたらいいかわからなくなってしまう。

食事の指導を受けることや、監督やコーチのアドバイスに従うのは悪いことではない。むしろ、大きく成長するためには専門家や先輩に手助けしてもらうことが肝要だ。しかし、そこには〝自分自身の信念〟があることが前提である。つまり、「健康のために、これを食べなさい」を鵜呑みにするのではなく、「自分はこれを食べたい。では、これを食べるとどんなメリットとデメリットがあるのかな」と、自分の思いを実行する際に諸説を調べてみる心構えが大切だ。

十人十色という四字熟語があるが、人は体の造りや性格から生き方、好みに至るまで、すべてが異なると言っていい。ならば、どんなものに対しても合う、合わないはあるのだから、他人の助言を受け入れつつも、「自分はこうしたい」という意志を強く持ち、それに従って生きていくのが、無用な不安やストレスを感じなくて済むのではないかと考えている。

コロナ禍で感染者数の絶望的な数字を見た時よりも、この状況に苦しむ飲食店主を目の当たりにした時に動かされる心のままに、二通りの道は歩むことができないからこそ、自分の人生を自分らしく生きていきたい。

そうして、私の「食」の旅は終点に着いたようだ。「映画」、「食」と思いのままに書いてきたが、果たして三つ目の旅はあるのか。そして、戦士はどこへ向かうのか。その時は、自由にどこへでも足を運べる世の中になっていてほしいという願いも込めて、私自身が一番楽しみにしている。

二〇二一年四月

落合博満

落合博満

1953年，秋田県生まれ．元プロ野球選手・監督．1979年にロッテオリオンズ入団後，98年に現役を引退するまでに三冠王を3度獲得．引退後は野球解説者，指導者として活動し，2004年より中日ドラゴンズ監督に就任．監督を務めた8年間でリーグ優勝4回，07年にはチームを日本一に導いた．2011年には球団史上初の2年連続リーグ優勝．2013年，同球団のGMに就任，17年1月末退任．2007年に正力松太郎賞受賞，11年に「野球殿堂」入りを果たす．著書に『采配』『落合博満 アドバイス』『落合博満 バッティングの理屈』『決断＝実行』(以上，ダイヤモンド社)，『戦士の休息』(岩波書店)など多数．

戦士の食卓

2021年4月14日　第1刷発行

著　者　落合博満《おちあいひろみつ》

発行者　岡本　厚

発行所　株式会社 岩波書店
〒101-8002 東京都千代田区一ツ橋 2-5-5
電話案内 03-5210-4000
https://www.iwanami.co.jp/

編　集　株式会社 スタジオジブリ　出版部
〒184-0002　東京都小金井市梶野町 1-4-25
電話　03-6712-7290（編集部直通）
編集担当 田居　因

印刷・製本　図書印刷株式会社

© Hiromitsu Ochiai 2021
ISBN 978-4-00-061464-1　　Printed in Japan

戦士の休息　落合博満　四六判二五二頁　定価一六五〇円

ジブリの哲学
——変わるものと変わらないもの——　鈴木敏夫　四六判三〇四頁　定価二〇九〇円

ジブリの文学　鈴木敏夫　四六判三三四頁　定価二〇九〇円

宮崎駿とジブリ美術館　スタジオジブリ編　B4判変型五九八頁　定価二七五〇〇円

吾輩はガイジンである。
ジブリを世界に売った男　スティーブン・アルパート　桜内篤子訳　四六判三七四頁　定価二六四〇円

——岩波書店刊——

定価は消費税10%込です

2021年4月現在